U0932400

梦山书系

海峡出版发行集团 THE STRAITS PUBLISHING & DISTRIBUTING GROUP | 福建教育出版社

前　言

每个人写书都有一定的目的，我也不例外。但与许多人不一样的是，我这个人还是喜欢赶潮流，因为这样才能实现自己的愿望。我写此书的目的不是为了赚钱，而是要尽一个文化人的责任，也可以说尽一个中国人的责任。作为从事文化工作的人，我一直很犹豫这样做是否值得，因为对于传统文化，我既不是专家，研究谈不上很深刻，做传统文化普及也算不上很合适的人选，但出版社朋友说服了我：既然了解，何不说说，尽一个文化人的责任，也许对传播传统价值还有点作用。

说到传统价值，一百多年来，在经历与西方文化对比之后，目前越来越多的国人主张重拾它，这与人们对现代化幻想的破灭直接相关。现代化并非想象的那样美好，它也带来了如麻的问题。比如，现代生活方式过分被消费主义所左右，尤其是被物欲的无限追求所左右，文化变得越来越过于娱乐化，越来越远离人真实的精神生活。另一方面，现代性带来的暴力倾向，同样值得高度重视。今天的技术发展实际上给毁灭性战争提供了条件，而现代文明的约束力量又不足以规范、制约、驯化人的暴力冲突。“9·11”及其带来的冲突就是一例。同样的，中国现代化进程中社会不公的加剧、社会矛盾的激化以及生态环境恶化，这既与现代化本身有关，但很大程度上又归因于传统的缺失和断裂。著名学者李书磊认为，“中国经由剧烈而深刻的社会革命与文化革命而出现的某种文化真空即文化功能系统的失效，正成为社会整体性腐败的直接原因。我们由于对传统的彻底摧毁而丧失了对一切文化及其秩序的敬畏，人人变成了无所不为的动物性存在。这种以人欲泛滥为特征的官腐民败乍一看好似与现代社会普遍的世俗化趋势相因果，但仔细对比就会发现那些在一定程度上保存了神圣化传统的民族即使在世俗化浪潮下也倾向于建立起良性的世俗秩序，而我们即使依靠严刑峻法也难以为继。你可以说这乃是由于制度不善，但制度与文化生态又何尝没有深刻的关联。”

重拾传统价值可谓是正当时，但任务极其艰巨。一方面，社会对传统价值的误会已深。许多人把传统价值与封建礼教等同起来，尤其是经过新文化运动以后，这种观感更加强烈，而实际上新文化运动斗士们并不是否定传统价值，而是要揭露那些假卫道士们利用传统价值来维护那个吃人的时代。他们在斩断封建统治者禁锢人民头上的精神枷锁的同时，对传统价值的伤害也极为严重，仁、信、忠、孝这些观念在当今变得好像越来越稀缺。伟大的传统凝结着人类的经验、情感与智慧，从来就是人类生存的佑护力量。毒生姜、毒奶粉、我爸是李刚等丑恶现象的发生，无一不是告诫我们：缺乏传统价值的调节，我们社会秩序永远不会良性发展。另一方面，传统价值的内涵极为深刻，没有多年的煎熬无法参透，这一特性对传统价值的普及是一大难点。如何通过新的文化创造来延续过去的传统，用比较流行的方式展示经典及其精神的魅力，让传统在当代的人群中复活，已经成为当代知识分子一项重要责任。

履行这项职责难度很大，因为不仅要了解传统经典，还要懂得如何来展示经典。传统经典内容博大精深，许多内容是只可意会，不可言传，这就是为什么许多国学素养深厚的人，其为人极为谦逊低调，不愿张扬。他们的言论与传统经典一样博大精深，让人难懂。让他们承担普及传统价值可能有点难度，而稍微懂一些的人未必能够真正有些真知灼见。如果当前我们再主张去重读经典，或者是从小开始先背经典，许多人可能都不愿意这样做，一是没有那么多闲工夫，二是把大量时间耗费在这里对他们就业没有什么太大帮助。如何快速让大家了解掌握传统价值，并付诸于实际行动中，这已经成为了一个重要课题。

开头我已经说过，我对传统价值的了解可能是一知半解，但我比许多人还是幸运点，因为在钻研经典过程中我耗费的时间可能比别人多，加上我目前所从事的职业，更能接触传统文化，所以我想尽一点文化人的责任，想把自己对明代儒学大家王阳明的言论解读一下。选择这样的视角，在我看来，它既可以让我们理解经典，又可以解决我们当前心中的困惑。这个人物确实值得我们这样做。

“为天地立心，为生民立命，为往圣继绝学，为万世开太平。”这是宋代大学者张载提出的儒家最高道德理想，以此来形容王阳明的一生亦不为过，不仅张居正、曾国藩、章太炎、康有为等人都从中受益，连蒋介石也对他极为推崇。他是我国历史上在立德、立功、立言三方面都有显著作为的大家。

一般来说，人的一生由俭入奢易，由奢入俭难，过惯了丰衣足食的生活，如果一下子面对生活的艰辛，对人打击是多么的大。王阳明就有着这样的经历，他出身于官宦世家，父亲在朝廷做大官。然而作为一名官宦子弟，他的行为多少有点与众不同：12 岁口出狂言，说不要读书登第做状元，而要“读书做圣人”。15 岁独自一人远出塞外考察军事形势，练习骑马射箭，回来后一心想要给皇帝上书，发表防守边关的见解。17 岁结婚当天竟然玩起了失踪。中进士做了官之后仗义执言，反对刘瑾等宦官为政，结果被打得死去活来，关进了锦衣卫大狱，出狱后还一路遭到追杀，但终究大难不死，被发配到远荒极僻之地——龙场做驿丞。初来乍到，由于水土不服和生活自理能力差，尤其是情绪极为低落，他几乎天天面对着死亡的威胁，结果在那里却悟出了圣人之道。随着朝局的变化，他后来受朝廷重用，但却以文弱而又带病的身躯，到茫大山中指挥作战，平定叛乱，屡建世功，荣封“新建伯”，官至南京兵部尚书。

但是，作为程朱理学之后的又一位儒学大家，王阳明对历史最大的贡献不是他的战功，而是他的儒家思想。虽然王阳明所生活的时代已经永远成为过去了，但他的思想观念对我们现实工作生活仍然具有很强的指导意义，尤其在解决我们心理困惑上具有更强的针对性和可操作性。

比如认识论问题，他提出的心是天地万物的主宰，心外无理、心外无物的观点，本质是在呼唤人的本体意识。他的这种观点，我是深有体会。就拿学习来说吧，我对语文特别感兴趣，所以一直以来，我学习语文毫不费力；相反，我对数学很反感，我的数学成绩一直很差，无论我如何努力，总是很难提高。通过研究王阳明的思想后，我发现也许就是因为我内心深处本身对数学没有好感，一看到数学就头疼，还能学好数学吗？相由心生，说得可能就是这个道理吧。现在，我对什么事情都看开了，凡事都往好的方面想，做最坏的打算，追求最好的结果，享受学习、生活和工作的过程，淡化效果对自身的影响，时刻保持良好的心情。

比如尽孝问题，他提出了四个层次的概念：第一个层次对父母尽孝道是做人最基本的要求；第二个层次是孝顺要发自内心，不是做给别人看的；第三个层次是孝顺不是靠说而是靠做，老人对我们的要求并不高，有饭吃，能有人聊聊天就足够了；第四个层次是阐释尽孝与养老之间的差别，即尽孝不仅仅是给父母好的物质上的享受，而且还应有精神上的愉悦。“不要让老人感到孤独”，这是中央电视台经常播出的一条公益广告。通过对王阳明这四个层次的理解，我自己行为也起了很大的变化：虽然我生活在北京，但我经常挂念着我家乡的父母，他们年龄大了，不管工作多忙多累，我几乎每个月都给他们打一两个电话，每年都要回家一趟，只要有条件、机会，我都愿意接他们来北京小住一段时间。在北京这边，丈母娘、老丈人帮忙看孩子，跟我们一起吃住。由于观念的不同，彼此之间在处理一些事情上肯定有分歧，这是很正常的事，但我要求自己必须控制好情绪，不管在什么情况下，做到不跟两位老人斗嘴、发脾气、闹别扭，让两位老人保持良好的心情。

比如与人交往的说话艺术，王阳明告诫我们：首先说话不要直言，但要讲真话；其次，说好话也要有一定度，不能让别人觉得你不真诚；另外，对自己亲近的人也要谨慎说话，也许这是比较难做到的，因为在外工作太累，回到家里谁说话还会那么讲究，小心谨慎的呢？以前我就是这样一个人，对家里人有什么就说什么，认为反正家里不像外面，每句话都要考虑得特别清楚，说还是不说，要斟酌很长时间。回到家里，还不放松点自己的神经，所以有时家庭的纠纷矛盾就因为我的说话不小心而引起。现在好了，自从理解了王阳明的思想观点后，我在家里说话时也变得谨慎些了，哪些该说哪些不该说，说之前心里先都有了一个基本的判断。

再比如做人，王阳明告诫我们，要低调做人，千万不能“傲”气，尤其是成功人士；要学会谦虚，不要张扬自己；急流勇退要及时，否则有时会伤及自己的性命。这些看法在当代也有非常重要的现实意义，新闻报道中一些高官和知名人士不能善终的重要原因，在于做人没有达到王阳明这些要求，反而断送了自己的前程。

关于对万事万物的认识，关于为人处世，上述我只是简单地举了几个小例子，王阳明还有很多独特的看法，本人把其中那些认为对我们当代工作学习生活具有重要意义的看法摘录出来，通过典故、案例等方式进行解读，主要目的有两个：一方面是为了普及一下我们传统文化知识，另一方面也是最重要的是让读者知道，任何有关人生观、世界观、价值观的问题，任何涉及精神层面的问题，包括我们人生中所遇到的各种困惑，我们都可以从传统文化中找到解决的办法。

由于自己的水平有限，在对王阳明思想观点的解读中难免有纰漏的地方，不足之处请读者们原谅。

目录

CONTENTS

认识篇

我思故我在/3
保持好自己的本性/5
生活要不慌不忙/7
怨恨之气不可凝聚在心中/9
人人都可以做圣人/11
关键在于调查/13
知行合一/15
下的功夫越多了解得越清楚/16
要听从“良知”的召唤/18
要致力于加强道德修养/20
以德服人/22

为人篇

真诚最能打动人/27
不欺不诈，信守承诺/29
有事无事一个样/31
活出自己的本色/33
率性而为，活得自在/35
做人要讲诚信/37
百善孝为先/40
我们为什么要尽孝/42
孝顺要发自内心/44
孝顺不是靠说而是靠行动/46
对父母是尽孝而不是养老/48

处世篇

不要直言，但要讲真话/53
说好话也要有一定度/55
对自己亲近的人也要谨慎说话/57
诽谤他人是一种不道德的行为/59
有则改之，无则加勉/62
“傲”字是悬在头上的一把刀/65
进退都是修炼的好机会/67
忍别人所不能忍必是大勇者/69
与朋友相处也需要一点艺术/71
逆境最能锻炼人/73
宽容不仅仅是一种心胸/75
我们为什么要与人为善/77
与人为善要发自内心/80
勿以恶小而为之，勿以善小而不为/82
善有善报，恶有恶报/84
大智若愚才能减少危险/87
做人要低姿态，这样才能安身/90
让诽谤和侮辱见鬼去吧/92
急流勇退要及时/94

修为篇

人要有点阿 Q 精神/99
人生的大道理就这么简单/101
不做沽名钓誉之徒/103
邪不胜正，做一名真汉子/106
改造世界之前先改造我们自己/108
人的认识没有统一的标准/110
您想追求什么/112
读书真的很累吗/113
修身养性要常常做/115
纠缠于个人的私欲怎么能幸福呢/117
身外之物不可眷念/119

人要有克己之心/121
人生也要善于做减法/123
常快活的确太不容易了/125
不愿白头搔更短/127
随遇而安才是潇洒人生/129
保持一颗平常心，不被世上的因缘所困/131
酸、甜、苦、辣都是人生的重要组成部分/134
不当历史的罪人/136
心静身才静/138
极静才能看得更远/140

成功篇

要稳住人心、更要得民心/145
做事情要顺势而为/147
根据形势的变化而做出相应调整/149
准备得越充分越能成功/151
攻心才是上上策/153
重在行动/155
不要怕吃苦/157
做人做事要走正道/159
要敢于去尝试/161
问题越多了解得越细/163
认真过好当下这一刻/165
做事情最怕认真二字/167
有问题先从自已身上找原因/170
不能仅停留在悔悟阶段/172
知错还不够，更重要的是改/174
成功之道在于严于律已/176
玉不琢不成器，好铁百炼才成钢/178
立志是取得成功的根本/180
尊重权威但不迷信权威/182
心无旁骛做一件事肯定能成功/184

培养德行更重要/186
要善于博采众长，不存门户观念/189
踏踏实实才能成就伟业/191
咬定目标始终不放松/194
重形式更要重内容/196
要经常省察自己/198

主要参考书目/200

认识篇

我思故我在

王阳明 **语录**

心即理也。天下又有心外之事、心外之理乎？

——《传习录·徐爱录》

【解读】

王阳明认为，一切事物的本原就在于人心，除了人心以外，世界上再也不存在其他任何事物和本原。

稍微懂点哲学知识的人都知道，唯物论和唯心论最核心的争论是存在与意识谁是第一性。 如果单从学术层面来讲，这种争论意义重大。 但对广大群众或者说普通老百姓来说，就如同争论到底是先有鸡，还是先有蛋一样，意义不是太大。 邓小平同志说：“不管是白猫、黑猫，只要是能抓住老鼠就是好猫。”对普通老百姓来说，无论是存在决定意识，还是意识决定存在，只要能帮我们解决生活中的实际问题，都可以借来用。 王阳明“心即理也”的观点，应该也以这种态度来看待。

乍看起来，王阳明“心外无物”的看法与唯物主义观点相悖——事物的客观性不因人的主观而改变，比如花、草的存在决不会因人情绪的变化而发生任何改变。 但王阳明的本意并不是争论事物的客观性和主观性的问题，他把目光聚焦在人的内心世界。 在他看来，以一种什么样的态度去和人物、事件打交道，是一件非常重要的事情。 古人云：“相由心生”，说的是“心”可以左右外界的一切，不同的心态会直接影响了我们对客观事物的认识。 如果以一种狭隘的、自私的、灰暗的心态去看待这个世界，那么世界上的一切人和事，都会变得狭隘、自私而灰暗；同样，如果以一种宽阔的、无私的、光明的心态去看待，世界上的一切人和事也同样变得宽阔、无私和光明。

众所周知，《列子》中有一篇“疑人窃斧”的故事：一个人丢了把斧头，他怀疑隔壁邻居家的儿子偷了他的斧头，于是就认真观察邻居家的儿子，发现他的面部表情，说话的神态，走路的姿态，越看越像个偷了斧头的人。 过了几天，他从自己的地里找到了那把斧头，再见到邻居家的儿子，怎么看也不像是个偷斧头的人。 此人先后不同的感受，变的不是邻居的儿子，而是自己的心态。

我们再来看看英国著名网球明星吉姆·吉尔伯特之死。吉姆·吉尔伯特有一天被牙病折磨得实在忍受不了，被迫把牙医请到了家里，意外的事情发生了：正当牙医在一旁整理手术器械的时候，一回头，她已经死去。后来人们才知道，原来她小时候经历过一次意外：一天，她跟着妈妈去看牙医，这本来是个很小的事情，她以为很快就可以跟妈妈回家了。但她后来却看到了惊人的一幕：因牙病引发心脏病，她妈妈竟然死在了牙科的手术椅子上！这一经历在她心中留下了严重的阴影，直到她成为著名的球星，过上了富足的生活，也没有消除。在评论她的死因时，当时伦敦的报纸是这样的：吉姆·吉尔伯特是被四十年来的一个念头杀死的。人内心的力量是多么强大，一个念头可以使许多人幸福，同样的一个念头也可能毁掉一个人、一个家庭或者许多家庭。调整好自己的心态应该从你我做起，从现在做起。

保持好自己的本性

语录

圣人无善无恶，只是“无有作好”，“无有作恶”，不动于气。

——《传习录·薛侃录》

【解读】

王阳明认为，圣人的本心没有善恶之分，也不存在喜欢什么、厌恶什么，他们的心态也不会依据世情的变化而发生改变。

为了说明上述观念，王阳明举花草为例进行解释：当人们想赏花时，认为花好看而觉得周围杂草碍眼，那是因为杂草影响了赏花的效果；同样当人们要用到那些杂草时，反而会觉得这个地方为什么长花而不多长点杂草呢？ 这两种看法都很正常，每个人的着眼点不同，看问题的角度不一样，同样的东西，在不同人眼里，反应当然不同，这就好比一千个人有一千个哈姆雷特一样，关键是人的心理在起作用。 人的善恶念头也是如此，都是由于人好恶之心产生的，并不是人的本心。

生活在物欲横流的年代，要想保持好自己的本性，不因外界的打击和诱惑而摇摆不定，不过于狂热地追求心外之物，做到这一点挺不容易。 我们普通人不能像圣人那样，能够放得下七情六欲，能够放得下那些他应该享受的东西，而且是通过自己努力获得的东西，尤其是通过刻骨铭心的痛而获得的东西，如何舍得放下？ 王阳明的说法不能说没有击中要害。 人世间的事不外乎情、欲两个字，可又有多少人看得透呢？ 坏人受丑陋之心牵引而做坏事，普通人可能因执着心、愧疚感等而使自己陷入痛苦，无法自拔。 究其原因是我们对外界事情有所牵挂，使自己的本心失去了原来的面目。

一个小和尚跟一个老和尚下山化缘，来到河边，见一个姑娘正发愁没法过河。 老和尚对姑娘说，我把你背过去吧。 于是就把姑娘背过河了。 小和尚惊得瞠目结舌，又不敢问。 这样又走了二十多里路，实在忍不住了，就问老和尚，师傅啊，我们是出家人，怎么能背着个姑娘过河呢？ 老和尚淡淡地告诉他，你看我把她背过河就放下了，你怎么背了二十里地还没有放下？

我们当然要问，小和尚为什么会背了二十里地还没有放下呢？ 道理很简单，小和尚很守规矩，他受的教育一直是不要近女色。李娜有一首名为《女人是老虎》的歌，内容讲的是小和尚下山去化斋千万要躲开女人。在这种教育氛围下，小和尚怎么能参透老和尚背姑娘过河的道理呢？心是最有反应、最有感觉的器官，看到大自然的山川鸟兽，看到人的生老病死，我们都会因心的触动而产生喜怒哀乐之感。如果我们能像老和尚那样在处理有关事情时，不受世俗观念的打扰，内心自然就不会茫然，否则也会像小和尚一样，在心里背了二十里地还没有放下。

生活要不慌不忙

语录

若主宰定时，与天运一般不息，虽酬酢万变，常是从容自在，所谓“天君泰然，百体从令”。

——《传习录·答欧阳崇一》

【解读】

王阳明认为，如果人心能够在繁杂世界中始终主宰自己，即使身体如何忙碌，却也能够从容自在，这就是所谓的“天君泰然，百体从令”吧。

随着社会节奏的加快，忙碌已经成为我们生活的代名词。比如生活在大城市，早上六点就要开始从东出发，往西边上班，或者从南往北去上班，晚上七点下班回家，一去一回在路上耗费三四个小时，这很正常。比如大家都带着小孩上辅导班，你难道不上？所以上学的孩子也开始忙碌了，报了这样那样的兴趣班，不管学不学先报了再说，暑假更是补课的好机会。再比如说大学生吧，现在找一个好工作太难了，否则也轮不上公务员考试反而成为国考了，怎么办？在校园里只有努力读书，或者是先到公司去学技能，或者是学习一些别的，反正也没有闲着的时候。现实就是如此，大家都觉得无可奈何。

此外，不知足也已经成为现代社会中大多数人生活的代名词。大家都是好面子的人，别人挣得多，我多没有面子；别人住的房子大，我在朋友面前多寒碜；别人开的车多高级，我怎么也得来个二三十万的车吧，分期付款也行啊。可见，我们大家都在为挣钱而奔走，为功名利禄而工作，谁也不想落伍，好像人生就是如此。当然，与忙碌、攀比随之而来的是内心的忙乱急躁、焦虑不堪，身心始终处于一种莫名的慌乱之中，完全理不清头绪。即使身体可能暂时出现不忙碌现象，由于个人欲望一时无法得到满足，内心始终得不到安宁。怎么办？

王阳明开的处方很有效，解决我们的烦恼，关键在人心。如果总是让自己的身心处于一个忙碌、不满足的状态下，如何才能让自己平静。不如像陶渊明那样放慢心的脚步，亲近大自然，在春风与阳光中尽情地放纵身心，感受大自然的胸襟。“采菊东篱下，悠然见南山”，通过自然来洗涤那些长期困扰我们的身外之物，把内心从繁杂的事物中解脱出来，才能继续保持那份从容与自在。或者是，修炼自己的内心。人的内心极其广阔，能够包容世间一切。如果能像圣人那样，通过修炼，使自己的内心真正能够主宰自己，即使在这样一个五彩斑斓的世界里，也能保持一颗闲静淡泊之心。

怨恨之气不可凝聚在心中

语录

如今于凡忿懥等件，只是个物来顺应，不要着一分意思，便心体廓然大公，得其本体之正了。

——《传习录·黄直录》

【解读】

王阳明认为，像刚才你说的怨恨等这样的情绪，只要顺其自然——当哭则哭、当恨则恨、当笑则笑，心中不存丝毫介意，那么心胸自然会宽广无私欲，这样的一举一动才能真正合乎人的本性。

在现实生活中，我们一生中可能无法避免产生怨恨的情绪，因为大家都明白，怨恨是人的情感中与生俱来的本能。任何否定这种情感的存在都可以说是逃避现实。但有了这种情绪以后，怎么办？王阳明主张顺其自然，心中有怨恨当然要发泄，但不要过分在意。过分在意，放不下心中的怨恨，其结果便是伤害自己、折磨自己，最终只能为怨恨陪葬。

凡读过《三国演义》的人都知道孔明三气周瑜的故事。由于周瑜才智不如孔明，第一次孔明袭击了南郡又取了荆州、襄阳后，周瑜气伤箭疮，半晌方苏。醒后发誓："若不杀诸葛村夫，怎息我心中怨气！"第二次孔明设计将周瑜击败，周瑜又怨气冲天，疮口迸裂，昏厥于地。第三次当孔明识破周瑜假途灭虢之计，周瑜差点被捉时，再次怒气填胸，在马背上大叫一声，箭疮复裂，坠于马下。不久，周瑜仰天长叹："既生瑜，何生亮！"连叫数声而亡，年仅三十六岁。纵观整个故事，周瑜由于心胸狭窄，眼光短浅，常怀妒贤嫉能之心。在周瑜看来诸葛亮由于才智超群，就是他的眼中钉、肉中刺，只有杀了诸葛亮，东吴天下才能太平，否则他寝食不安。正由于他这种狭窄的心理作怪，才使他英年早逝，人们无不为之扼腕叹息。

人生不如意的事十之八九，像周瑜这样的事情我们也经常遇到，比如说谁比谁厉害了，本来也没有什么，问题的关键是在于自己好胜心太强，气量太小，不可能放得下。当然，如果我们知耻而后勇，努力学习，能超越他自然是更好，否则，只能像王阳明所说，敞开自己的胸怀，放下心中的愤恨，不为世俗荣辱所累，不为凡尘琐事所扰，不为痛苦烦闷所惊，才能活得轻松潇洒、舒心自在。明事理的人都提倡“吃亏是福”的理念，因为与人方便也是自己方便。人的心胸越宽广，人生舞台就越大，对社会贡献也就越大。同样的，如果心胸狭隘了，猜忌心重，容不得别人比他好，终日纠缠在芝麻绿豆的小事里，很难有人与之深交，很难获取他人信任，事业也很难有所建树。

战国时赵国舍人蔺相如奉命出使秦国，不辱使命，完璧归赵，所以封了上大夫；后陪同赵王赴秦王设下的渑池会，使赵王免受暗算，为表彰他的功劳，又封为上卿。老将廉颇居功自傲，对此不服，而屡次故意挑衅，蔺相如以国家大事为重，始终忍让。后廉颇终于醒悟，向蔺相如负荆请罪。将相和好，共同辅国，国家无恙。

“牢骚太盛防肠断，风物长宜放眼量”，“将相和”的故事启示我们，无论在工作中，还是生活中；无论是在单位，还是在家庭，我们都要像廉颇那样勇于改过，更要像蔺相如顾大局、识大体，小肚鸡肠的心思不是让别人受罪，更是让自己受罪。如果知道退一步海阔天空，始终保持谦卑之心，在学习中、工作中、生活中或者职场里，会更加游刃有余。

人人都可以做圣人

语录

盖所以为精金者，在足色而不在分两；所以为圣者，在纯乎天理而不在才力也。

——《传习录·陆澄录》

【解读】

王阳明认为，纯金之所以成为纯金，是在于它的纯度而不是它的重量；圣人之所以成为圣人，是在于他的修为而不是他的能力。

圣人是个什么样的人呢？ 他可能是名智者，对天下各种事都了如指掌，他能洞察万事万物，又能解决别人解决不了的难题。 他可能是名老者，慈祥善目，淡泊名利，遇事冷静，对人情世故非常了解。 他可能是名乐者，不管在苦恼面前，在悲痛面前，还是在困难面前，他总保持一个快乐的心情。 他也可能是名隐者，或隐藏在大山中，或隐藏在市井胡同里。如果问，普通人能成为圣人吗？ 我想大多数人认为不可能，但王阳明不这样认为。 他说，圣人之所以成为圣人，不在于能力大小，而在于他的修为。 普通人如果能够抛开杂念，让自己内心能够达到不存丝毫人欲的境界，不管才能是高是低，同样也可以成为圣人。

人的内心不存丝毫人欲，这样的标准也太高了。 大多数人的想法可能与《笑傲江湖》里令狐冲的想法一样：为了治病，不能喝酒、不能近女色、不能运用内力来保护自己，那还活在这个世上有什么意思？ 人的一生就那么几十年，与其花费大量的精力、物力去治病，不如潇潇洒洒走一回。 为了成为圣人，要去人欲、存天理，做到内心无外物羁绊，这样的圣人对我们到底有多大的吸引力呢？ 普通人的想法非常简单：工作要越来越好，位子越坐越高，钞票越赚越多，房子越来越大，小轿车越变越豪华，让我们抛弃这些，确实太难了。 当然即使有可能，我们该如何排遣心中的这些想法呢？

王阳明认为，许多人有这种想法是由于在修行上存在误区，以为只要每天学习，诵读诗书，练习技能，就会离圣人越来越近。 事实上，随着修炼加深，我们知识、能力越来越强，追求欲望满足的程度也越来越强烈，离圣人的要求也就越来越远。 圣人的修炼方法，是去人欲、存天理，把心练到极致，这里是做减法，减少内心的欲望。要想缓解我们劳累的心，何不像王阳明所说的方法去做，虽然我们可能不会，或者是根本不想做圣人，禁欲的行为自己也确实做不来，但圣人修炼的方法还是可以借鉴的，平常找时间尝试一下，也许会有意想不到的结果呢？将心腾空，通过修炼，让自己的内心处于一种虚无的状态，人世间任何纠缠能在内心中得到化解，我们内心的自由得到充分的释放，怎么还会感觉累呢？

关键在于调查

语录

知者行之始，行者知之成。

——《传习录·徐爱录》

【解读】

王阳明认为，“知”是“行”的开端，“行”是“知”的完成。

事前要进行各方面了解和思考，正如常言所说“三思而后行”，这样才能取得更好效果，避免出现一些不必要的麻烦。如果做事前，没有做过周密安排，仓促决定，其结果是：即使是好事，我们也极有可能达不到最好的结果。如果是坏事，很可能使情况变得更糟。许多人为什么事后后悔，就是因为后悔自己当时为什么不冷静，后悔自己为什么没有把各方面情况摸清楚，后悔自己为什么处理事情毛毛草草，后悔自己为什么没有提前做好各种预案。

现实中，尤其是互联网时代，许多情况或者出于无奈，或者迫于生活的压力，或者由于生活理念、生活方式的不同，我们有可能出于某种原因，尤其是从事媒体行业的，为了争取第一时间报道，抢夺观众的眼球，很难有更多时间去核实事情的真相，极有可能造成不好的后果。比如扶起被碰倒在地上老人的好心人被诬陷的南京事件，最后经过深度调查访问，事情并不像原先报道的那样，是当时某媒体为了炒作、吸引眼球、故意错报的结果，但这一错误报道使我国的道德水平下降了30年。因为担心被讹诈，现在路遇被碰倒在地上的老人谁都不愿意去扶。

有一部陈凯歌导演的电影叫《搜索》，卖得很火。该片最大的看点是在网络暴力的主线下，展现了职场的尔虞我诈、家庭的冷暴力、出乎意料的爱情等大家身边的社会现象。它讲述了都市白领叶蓝秋，在一个如常的早上，因为没有在公车上为一位老大爷让座，被电视台记者陈若兮盯上报道后，整个事件戏剧性爆发了。看过电影的人都知道，该电影的情节并不复杂，而是人的心理很复杂。造成不让座的原因很简单：叶蓝秋那天刚刚得知自己已经处于癌症晚期，对于一个长得年轻漂亮而事业正走在上升阶段的女白领来说，这一消息如同晴天霹雳，使她的精神极度崩溃，她已绝望到根本没有心情去给那位老人让座。一位年轻而又受过良好教育的白领为什么不让座，这一问题本身值得研究，但没有人去调查，没人去探究，尤其是作为资深电视人陈若兮，她职责是应该调查清楚这一事件的来龙去脉，然后才去报道，但是她为了自己的利益，在没有做好充分调查之前，断然决定在电视台从道德层面对叶蓝秋这种不让座的行为进行大肆的批判，即使后来有人提醒叶蓝秋已经道歉了仍不罢手，最后导致叶蓝秋放弃治疗，提前以自杀的方式来结束生命。

《搜索》告诉我们：每件事都有发生的原因，如果没有了解事情的来龙去脉，请千万不要下结论，更不能想当然，有时情况可能比我们想象更加曲折、更加离奇。 对于网络上的东西更不能过于相信，你不是当事人，对事情真相也很难了解清楚，真真假假，假假真真，在没有深度报道之前，请先不要过早的下结论，也许事情真会出人意料之外。 如果在没有了解之前，过早的断定，极有可能中了他人的圈套，成为反面的帮凶。 所以，生活在信息时代的人们，我们更应该重视调查，否则也许你就是下一个叶蓝秋。

知行合一

语录

圣学只一个功夫，知行不可分作两事。

——《传习录·徐爱录》

【解读】

王阳明认为，圣人的学说，对知行的本体只有一个解释：既不是先有知而后行，又不是先有行而后知，而是知与行永不可分。

王阳明认为，古人从来没有把知、行分开讲，之所以分开说，是因为社会上有两种人：一种是做事不用脑子，做事前不认真思考，不去了解事物的本质，懵懵懂懂地随意去做，一个劲地胡来妄为，所以要跟他们讲清“知”的道理，告诉他们要认真做好调查研究，认真谋划各种方案，不要仓促行事，更不能意气用事。还有一种被称为行动的矮子，不愿意去实践，把大量的时间和精力耗费在争论中，不做决策；耗费在完善各种方案上，即使有了好的方案或者计划，也是束之高阁，从来不去或者不愿意落实。所以，要跟这些人讲“行”的道理，让他们在落实上下功夫，而不是磨嘴皮。如果真正领会了其中的含义，只要一个知或者行就够了。

王阳明的解释确实击中了我们社会中存在的弊端，今天强调这一点，具有重要的现实意义。比如在互联网时代，我们每个人都成为新闻发言人，都可以自由表达自己的想法，尤其是使用“人肉搜索”这种模式后，我们拥有了对任何丑恶现象进行抨击的权力。但是如果不完整地了解整个事件或者某个具体的人，而仅靠网络中几个片段或者是一些零星内容而表示支持或者是反对，极有可能会落入他人的圈套中。所以，要了解事情的真伪，调查行动很重要。

对任何事物的认识，实践是第一位的。只有通过自己的实践，才能获得真正的认识。实践、认识、再实践、再认识，反反复复，认识才能更加深入。没有实践，认识怎么会形成呢？认识永远产生在实践中。

知行合一，强调的就是要去实践，只有实践才能真正的认识、了解事物的客观规律。只有这样，做任何事情的时候，大到处理国家大事，小到处理家庭琐事，我们才能避免盲目行动，避免成为行动的矮子。

下的功夫越多了解得越清楚

语录

知之真切笃实处即是行，行之明觉精察处即是知。

——《传习录·答顾东桥书》

【解读】

王阳明认为，如果我们对某个事件的了解（即知）到了真真切切、实实在在的地步，那么这种了解就一定是通过实践（即行）才能得来的；同样的，如果对某个事件实践到了明明白白、一丝不乱的地步，那么这种实践（即行）也就是真实情况（即知）的体现。

王阳明认为，“知”和“行”是可以互相转化，我们通过实践加深对某事物的了解，同时通过对某事物的了解，可以用来指导实践、影响实践。作为常胜将军的林彪，作战前有一个爱好，喜欢收集了解对手各个方面的情况，如部队带兵者是谁，有什么个性，各项兵力配置如何，部队装备如何，训练如何，每个月有多少薪水，能否按时发放，官兵关系如何，当官的人中哪些比较干净，哪些比较腐败，当官的讲不讲义气，士兵大部分来自哪里，与其他部队的关系如何等等，越详细越好。听说，他养成这样的习惯是红军反围剿中大大小小上百次战役磨练的结果，尤其是在一次战役中他的部队拼得只剩下八个人，总结原因是战前没有认真了解敌情。据说那次战役后，他就养成这样一个习惯：战前必须详细地了解研究对手，然后再做判断。

打仗和做其他的工作道理是一样的，对领导分配给的任务是敷衍了事，还是扎扎实实的干，其实他一眼就能看出来。你是不是用心做了，可以通过你的言行举止，通过你业绩和你对业务情况的了解来判断。这不是他人说好就是好，关键在于认真两字。如果我们能够把领导吩咐的每一件事都做到极致，以后遇到类似的事情，我们即使闭上眼睛也会知道怎么做，这就是我们一直强调的：要么不做，要做就达到“知之真切笃实处即是行，行之明觉精察处即是知”的境界，即做个内行人。

说实话，以前我对京剧有点看不起，觉得没有什么好听的，有时甚至是厌烦，一句话吊半天还未完，尤其是对我这种急性子来说，听京剧真要命。我总觉得，与其听京剧，不如听流行歌曲来劲。每次一见我家老人听京剧，或者看别人看京剧，我都会走开。 那时，我闹不明白，为什么哼哼几下就成了国粹了呢？ 后来有机会让我学了学唱京剧和流行歌曲，当然只是玩玩，并不是真正的去了解它。 流行歌曲很好学，不一会儿我就会唱一首新歌。 但是京剧特费劲，需要吊嗓子，一个句子就耗费了我半天，竟然还没有学会。 自从这以后，每次看到京剧演出，我对那些演员特别佩服，没有一定的功底，是唱不出来的。 当然还是不喜欢看，但没有以前那么讨厌它。

要听从“良知”的召唤

语录

良知只是个是非之心，是非只是个好恶，只好恶就尽了是非，只是非就尽了万事万变。

——《传习录·钱德洪记》

【解读】

王阳明认为，“良知”是人内心判断是非准则，明白了是非就可以辨明善恶，懂得了善恶说明掌握了是非原则，知道的是非也就可以应对万事万物的变化。

“致良知”是王阳明心学中最核心的内容。他认为，“良知”是圣人之学的根本，是代代相传的圣人之道仅存的“一点真骨血”。他强调，“良知”是天生的，它随着我们生命的诞生而诞生，是每个人与生俱来的事物，不管是好人还是坏人，即使是最坏的坏人，他的“良知”永远存在。这种存在是先天的，不需要经过后天的努力就能获得。其次，“良知”永远知道自己的存在。“良知”经常守候在每个人的身旁，无论你做了或者将要做什么事，“良知”总是能够清醒地知道，它就是我们日常生活中各种行为习惯的内在的“监督者”，它注视着我们的一言一行，永不疲倦，即使在睡觉的时候也是如此。“良知”对我们的行为也能做出正确的判断，好还是不好，“良知”就能立刻做出判断，并且永远不会出错。比如小偷要偷东西，“良知”肯定会告诉他偷人家东西是不好的行为，如果小偷能够听从“良知”的指引，就不会去偷人家的东西。所以，我们做任何违反道德的事情，往往是因为没有听从“良知”引导，违背了“良知”的意图。

从这里我们可以看出，如果每一个人能够完全遵照自己的“良知”去行事，自觉地奉行心中的道德律令，就不会发生任何违背道德的事情，我们的生活变得高尚而富有意义。“良知”虽然永远存在的，但并不是一生来就非常坚强，容易被日常生活中的各种偏见掩盖起来、遮蔽起来了，在面对各种欲望诱惑，我们身上的眼耳鼻舌等感觉器官往往自作主张、妄作分别，使生活偏离了“良知”的引导，如果说这时我们还不懂得“迷途知返”，就会很容易丧失了做人的资格。秦朝宰相赵高，为官期间横征暴敛，滥杀无辜，却官居高位，一人之下，万人之上；三国董卓个性粗暴，奸诈无比，却自封相国，专断朝政，凶暴淫乱，无法无天；唐朝的李林甫，为人奸诈阴险，手段卑鄙，世称“口有蜜，腹有剑”，受贿无度，生活奢华，却官至宰相；奸相秦桧，其人残忍阴险，陷害忠良，卖国投降，却能为相十九年。 然而，这些最主要的原因是由于自己的“良知”被各种欲望所蒙蔽，丧尽天良，最后只能落得个遗臭万年的下场。

要致力于加强道德修养

语录

世之君子，惟务致其良知，则自能公是非，同好恶，视人犹己，视国犹家，而以天地万物为一体，求天下无治不可得矣。

——《传习录·答聂文蔚》

【解读】

王阳明认为，世上的君子，只有专心于自身修养，那么自然能够辨别是非好恶，像对待自己那样对待他人，将国事如同家事一样关心，把天地万物看做一个整体，从而求得天下的大治。

在王阳明看来，“良知”虽然存在每一个人心中，但最容易被各种欲望掩盖起来。掩盖起来的“良知”是无法指导我们实践的，所以必须要“致良知”，要使“良知”充分显现出来，真正发挥它指导日常生活的功能。王阳明借用镜子来说明这个观点：“良知”好比一面镜子，它原本是光明的，一切事物，不论大小美丑，镜子都会如实地反映出来。但是如果镜子长期不用，会变得锈迹斑斑，虽然它还是镜子，但却不再能够发挥镜子的作用了。如果我们将镜子的锈迹磨掉，使它重新变得光明如初，那么它就可以发挥镜子的全部功能。“良知”也是如此，如果我们按照圣人的教导自觉地加强修养，磨掉镜子上的锈斑，不断做为善去恶的功夫，长此下去自然就能够恢复“良知”固有的光明。其实这只是王阳明“致良知”观的第一层意思，王阳明“致良知”观的第二层意思就是将自己的“良知”推致于万事万物，就是说，当我们要处理某一件事物的时候，要遵循“良知”的指引，原原本本地去处理那件事情，心中不应存在任何的利害计较，也就是说要把“良知”贯彻到我们日常生活中的各个方面。

段干木，魏文侯师，战国初年魏国名士，与师子夏、友田子方被后人称为“河东三贤”。他青年时代正处于中国社会由奴隶制向封建制过渡的大变革时期。战争频仍，社会动荡。新兴的地主阶级迫切需要大量的政治军事人才治理国家；士多朝秦暮楚，奔走于王侯之门。这样的社会环境为矢志仕宦之途的年轻人提供了一展抱负的良机，但他根本不想这样做，而是迷上了从事马匹交易的经纪人。大约在30多岁时，他和田子方一道投身于子夏门下，学识德行大有长进，在各诸侯中名望极高。据说，当时秦将起兵伐魏，因他在魏而被迫偃旗息鼓，辍不攻魏。但他一生守道不仕，魏文侯多次登门造访，甚至屈驾前请，而他丝毫不为所动，始终不肯出山为相。有段干木在的年代里，魏国老百姓躲过了战争，过上了很长一段时间的平静而安逸的生活。这是典型的以“良知”影响整个社会的案例。可见，“致良知”不仅是为学之道，更是育人之道，良好的德行不仅可以提高自己对社会不良习气的免疫力，更重要的是还能教育人，影响人，感化人。

以德服人

语录

舜只是自进于乂，以乂熏烝，不去正地奸恶。

——《传习录·黄省曾录》

【解读】

王阳明认为，乂是治理的意思。原文的意思是舜通过加强自我修养，来感召他人，而不是当面去揭露他人的不好的一面。

高明的领导都是擅长以德服人，用自己的一举一动去感召人。俗话说：要正人，先正己。无论做父母还是做领导，意思一样。比如作为父母，要想给孩子树立榜样，必须管好自己，尤其是12岁以前的孩子，父母是他模仿的对象，这个阶段养成不好的习惯，主要责任在父母。作为领导也是如此，优秀的领导一般是以身作则，用修养和思想影响别人，凡事自己先带头，这样才有凝聚力，下属才会更加自觉地团结在自己周围。

以德服人，实际上就是以身作则，中国共产党之所以从小到大、从弱到强，最后取得革命的胜利，很重要一点就是以身作则。我们在解放战争题材类电影中经常看到这样情节：国民党部队与共产党部队之间的差别可以从一句话中明显体现出来。“弟兄们，给我上”，这是国民党当官的在鼓噪当兵的往前冲，一个“给”字体现了当官的威风，兵冲在前官在后。“同志们，跟我上”，这是共产党的队长带着部队往前冲，一个“跟”字体现了当官的德行，官冲在前兵在后。很明显，作为当兵的，谁都愿意选择为共产党卖命。

我们再来看看老一辈无产阶级的人格魅力。这里我不说毛主席一生如何艰苦奋斗，如何不求奢华等，只想说毛主席对自己子女的严格要求：长子毛岸英，自小受尽了人间苦难，成人后参加了保卫莫斯科战役和保卫延安的战斗。这样经历，在抗美援朝中，论资排辈也轮不着他去参军，更何况那时他新婚才六个月！然而，为了动员更多的人主动参加抗美援朝，毛主席把身边唯一的爱子送到了朝鲜战场，说：“谁叫他是我毛泽东的儿子”。三年自然灾害期间，爱女李纳在北大读书，时常委婉地说自己在挨饿，定量老是不够吃。菜又少，全是盐水煮的，油水还不够大师傅沾光的呢，上课时肚子老是饿得咕噜咕噜叫。毛主席总轻声细语地说：“困难是暂时的，要和全国人民共渡难关。要带头，要做宣传，形势一定会好转，要相信共产党。”他坚持不给李纳特殊照顾，有时，卫士们实在看不下去了，也会在毛泽东身边提建议，希望给李纳一些补贴，并说明其他干部家也有这么做的。这时，毛主席又会耐心地做卫士们的工作，说明上下一心，同渡困难的重要性。如卫士们说得多了，毛主席会不高兴地说：“即使别人那样做，我也不能做！谁叫她是我毛泽东的女儿！”正因为有了这一大批以身作则的革命家，他们以自己行为规范来感召别人，使全国各地老百姓都团结在他们的周围，才能取得了新民主主义革命胜利，在条件如此艰苦的环境下，打败了美帝国主义，取得社会主义革命的胜利。

当然这样的例子在古代也很多，曹操“割发代首”故事中就是明证。古人对头发极为看重，“身体发肤受之父母，不敢违伤”，头发在古人看来如同自己的生命。

麦熟时节，曹操率领大军去打仗，沿途的百姓因害怕士兵，躲到村外，无人敢回家收割小麦。曹操得知后，立即派人挨家挨户告诉百姓和各处看守边境的官吏，他是奉旨出兵讨伐逆贼为民除害的，现在正是麦收时节，士兵如有践踏麦田的，立即斩首示众，以儆效尤。百姓心存疑虑，都躲在暗处观察曹操军队的行动。曹操的官兵在经过麦田时，都下马用手扶着麦秆，一个接着一个，相互传递着走过麦地，没一个敢践踏麦子，百姓看见了，无不称颂。

但是，当曹操骑马经过麦田时，田野里忽然飞起一只鸟，坐骑受惊，一下子蹿入麦地，踏坏了一片麦田。曹操为服众立即唤来随行官员，要求治自己践踏麦田之罪。官员说：“怎么能给丞相治罪呢？”曹操言道：“我亲口说的话都不遵守，还会有谁心甘情愿地遵守呢？一个不守信用的人，怎么能统领成千上万的士兵呢？”随即抽出腰间的佩剑要自刎，众人连忙拦阻。此时，大臣郭嘉走上前说：“古书《春秋》上说，法不加于尊。丞相统领大军，重任在身，怎么能自杀呢？”

曹操沉思了好久说：“既然古书《春秋》上有‘法不加于尊’的说法，我又肩负着天子交付的重任，那就暂且免去一死吧。但是，我不能说话不算话，我犯了错误也应该受罚。”于是，他就用剑割断自己的头发说：“那么，我就割掉头发代替我的头吧。”然后，曹操又派人传令三军：丞相践踏麦田，本该斩首示众，因为肩负重任，所以割掉头发替罪。曹操“割发代首”这一举动，士兵们都看在眼里，这时他们心里必定会想："丞相尚且如此，我等更应该严格遵守。"

要正人，先正己，唯有以品德感染人，才能真正地让人心服。领导是下属效仿的对象，只有自己以身作则才能更好地约束下属。曹操正因为深谙管理之道，以身作则，深得将士尊重和爱戴。

为人篇

真诚最能打动人

语录

诚是心之本体，求复其本体，便是思诚的工夫。

——《传习录·薛侃录》

【解读】

王阳明认为，真诚是人心的本体，恢复心的本体，就是思诚的功夫。

在与人交往中，大家都喜欢真诚的人，因为他们给人一种安全感、信任感。真诚是评价是否值得深交的一项重要标准，没有一颗真挚实诚的心，就做不出善良敦厚的事。如果是一位弄权耍奸、虚伪掩饰的人，谁都不想与他做朋友。做人要真诚，这是我们为人处世的一项重要原则，也是判断一个人品行修养的重要标准。

古有“三顾茅庐”和“程门立雪”的故事，讲的是做人要真诚实意。

深冬的一天，刘备带着关羽、张飞，到隆中邀请诸葛亮。谁知诸葛亮恰好不在家，刘备只好扫兴而归。刘备三人回到新野，过了数日，他派人再探听孔明是否在家。当打听到孔明外出已经回到家时，刘备当即决定二请诸葛亮。这一天正值隆冬时节，天气严寒，彤云密布。走了不到数里，忽然北风呼啸，大雪纷飞。张飞说：“天寒地冻，尚不用兵，岂宜远见无益之人乎！不如回新野以避风雪。”刘备说：“贤弟，咱们冒此大风雪，不怕山高路远，去请诸葛亮，不正表明了我们的一片诚意吗？如果你怕冷，可以先回去。”张飞说：“我死且不怕，难道还怕冷乎！但是担心哥哥空劳神思。”刘备说：“不必多言，你还是痛痛快快地跟我去吧。”三人继续往前赶路。不料，这一次刘备又未见到诸葛亮。第二年春天，刘备选择一个黄道吉日，沐浴斋戒了三天，决定第三次去拜访诸葛亮。张飞、关羽竭力劝阻。关羽说：“我们两次相请，都未见到他，想必他徒有虚名，不敢前来相见。”张飞更是带着轻蔑的口吻说：“什么大贤，不过是一平民百姓。我们已仁至义尽，这次只需我一人前往，他如若不来，我就将他绑来见你。”刘备斥责说：“你难道没有听说周文王请姜子牙的故事吗？文王如此敬贤，你不要太过无礼了，今天你不要去，我跟关羽去就行了。”张飞连忙说道：“两位哥哥都去了，小弟我怎么能落伍呢！”三人飞马直奔隆中。此时诸葛亮正在午睡。刘备唯恐打扰诸葛亮，不顾路途疲劳，屏声敛气地站在门外静候，直到诸葛亮醒来才敢求见。刘备谦虚的态度，诚恳的情意，使诸葛亮很受感动，虽然明知此时出山不得其时，难以恢复汉室一统天下的格局，但他还是毅然答应了。

杨时和游酢原先以程颢为师，程颢去世后，他们都已四十多岁，而且已经考上了进士，然而他们还要去找程颐继续求学。这一天，两人到了程颐家的小院外面要拜见程颐，院里的童子听见，连忙开门出来，对他们摆手说："先生正在午睡呢。"他们向童子说明来意，童子请他们到书房等一等。他们怕惊醒了老师，于是谢了童子，然后恭恭敬敬地站在门外等候。那时正值隆冬季节，阴沉的天忽然下起了鹅毛大雪。没多久，两人的脸上和身上就积了厚厚的一层雪，远远望去，就像两个雪人，可他们谁也没有要离开的意思。等程颐午睡醒来，童子端来热茶，说有两个学生来访，见先生午睡不敢打扰，现在还在门外等候。程颐很惊讶，忙让童子请他们进来。程颐被这两个人的求学精神和尊敬师长的品德深深打动，从此更加尽心尽力地教他们。终于，杨时学到了老师的全部学问。后来，杨时回到南方传播程氏理学，并且形成独家学派，世称"龟山先生"。杨时、游酢二人向程颐求学过程，并不是趋炎附势，而是完全真心实意并且礼义周全，不仅得偿所愿，而且其行为得到世人的认可。

"三顾茅庐"和"程门立雪"的故事告诉我们：不敷衍、不做作、不逃避，能老实地袒露内心的人，往往最能打动人心。

不欺不诈，信守承诺

语录

不逆、不臆而为人所欺者，尚亦不失为善，但不如能致其良知，而自然先觉者之尤为贤耳。

——《传习录·答顾东桥书》

【解读】

王阳明认为，不事先怀疑别人的欺诈、猜想别人的不诚信而被别人欺骗的人，虽然还没有丧失他的善良，但是不如那些有良知并且能够先知先觉的人更加贤明了。

要想了解王阳明这句话的意思，还要了解他话后面的意思：一个人如果相信自己，并且良知没有被迷惑，那么万事万物在它面前自然不能隐藏美丑的原形，即使遇到欺骗也会能够察觉。

传统美德中经常强调要不欺不诈，信守承诺，用行动来取信于人。倘若将一时的失信于人看做无伤大雅的小错，那么，最终将铸下一生都无法弥补的遗憾。失信于人，不仅会侵蚀一个人的良知，更会令其失去他人的信任，生命因此变得暗淡无光。只有能够坚持言必信、行必果的守信之人，才能够得到他人的信任与器重，才有可能站到巨人的肩膀上，成就一番丰功伟业。

《搜神记》中记载了一个“以信为本，生死知交”故事：

范式，字巨卿，山阳金乡（今山东金乡县）人。一名范氾。他和汝南人张劭是朋友，张劭字元伯，两人同时在太学（朝廷最高学府）学习。后来范式要回到乡里，他对张劭说：“二年后我还回来，将经过你家拜见你父母，见见小孩。”于是两人约定日期。后来约定的日期就要到了，张劭把事情详细地告诉了母亲，请母亲准备酒菜等待范式。张劭的母亲说：“分别了两年，虽然约定了日期，但是远隔千里，你怎么就确信无疑呢？”张劭说：“范式是个守信的人，肯定不会违约。”母亲说：“如果是这样，我为你酿酒。”到了约定的日期范式果然到了。拜见张劭的母亲，范、张二人对饮，尽欢之后才告别而去。

后来张劭得了病，非常严重，同郡人郅君章、殷子征日夜探视他。张劭临终时，叹息说：“遗憾的是没有见到我的生死之交。”殷子征说：

“我和郅君章，都尽心和你交友，如果我们称不上是你的生死之交，谁还能算得上？”张劭说：“你们两人，是我的生之交；山阳的范巨卿，是我的死之交。”张劭不久就病死了。

范式忽然梦见了张劭，带着黑色的帽子，穿着袍子，仓促的叫他：“巨卿，我在某天死去，在某天埋葬，永远回到黄泉之下。你没有忘记我，怎么能不来？”范式恍然睡醒，悲叹落泪，于是穿着丧友的丧服，去赶张劭埋葬的那天，骑着马赶去。可是，还没有到达那边已经发丧了。到了坟穴，将要落下棺材，但是灵柩不肯进去。张劭的母亲抚摸着棺材说：“张劭啊，难道你还有愿望？”于是停止埋葬。没一会，就看见白车白马，号哭而来。张劭的母亲看到说：“这一定是范巨卿。”范式到了之后，吊唁说：“走了元伯，死生异路，从此永别。”参加葬礼的上千人，都为之落泪。范式亲自拉着牵引灵柩的大绳，灵柩于是才前进了。范式于是住在坟墓旁边，为他种植了坟树，然后才离开。

人与人交往如此，治理国家也是如此，唐初为什么能够成就贞观之治，一个重要原因唐太宗实行诚信为政，太宗信任群臣，不务诡诈，群臣竭尽忠诚。

贞观初年，有人上书请求清除邪佞的臣子。太宗问他说：“我所任用的都是贤臣，你知道哪个是邪佞的臣子吗？”那人回答说：“臣住在民间，不能确知哪个人是佞臣。请陛下假装发怒，用来试验群臣，如果能不惧怕陛下的雷霆大怒，仍然直言进谏的，就是忠诚正直的人；如果顺随旨意，阿谀奉承的，就是奸邪谄佞的人。”

太宗对封德彝说：“流水的清浊，在于水源。国君是政令的发出者，就好比水源，臣子百姓就好比是水。国君自身伪诈而要求臣子行为忠直，就好比水源浑浊而希望流水清澈一样，这是不合道理的。我常常因魏武帝曹操为人诡诈而特别鄙视他，如果我也这样，怎么能教化百姓？”于是，太宗对上书劝谏的人说：“我想在天下伸张信义，不想用伪诈的方法破坏社会风气。你的方法虽然很好，不过我不能采用。”

真诚，乃为人的根本。以诚待人处事，能够架起信任的桥梁，能够消除猜疑、戒备的心理，获得众人的帮助，才能够成大事，立大本。如果嘴上一套，背地里是另一套，这样的人谁都不愿意跟他交往。

有事无事一个样

语录

无事时固是独知，有事时亦是独知。

——《传习录·薛侃录》

【解读】

王阳明认为，没有事时，能够始终展示良好的品德，有事时也能展示良好的品德，有事无事一个样。

王阳明上述这句话是对他学生黄弘纲说的，强调的是个人在独自居处的时候，也要自觉地严于律己，谨慎地对待自己的所思所行，防止有违道德的欲念和行为发生。如果只在大家关注的地方展示自己的品德，那就是虚伪作假。

我们总是强调有事无事一个样，就是说要用自己本来的面目活着。当然这个说法在一些场合是不适合的，比如从事一些谍报工作的人，他们不可能这样活着，但是真正厉害的谍报工作人员，也能在工作、生活中表现出有事无事一个样，只是目的不同而已。他们这样做只是通过这种方式来掩人耳目以达到自己的目的。但是，大多数情况下，我们都主张要有事无事一个样，比如婚姻生活就是如此。婚姻生活中有“三年之痛，七年之痒”的说法，这其实是有道理的。结婚之前两个人被爱情的假象蒙住了双眼，向往一种纯感情的生活，而更加忽略了彼此的缺点。在一起生活后，接触多的是柴米油盐人世间的俗事，最初梦想极有可能在现实中坍塌。当然，也有可能双方在恋爱的过程中很注意表现自己最美好的一面，结婚后露出了原来模样，以至于双方都无法接受。如果是前一种原因，说明在结婚之前没有做好思想准备工作。如果是后一种原因，只能说双方在恋爱时没有把真正的自我展现给对方，导致结婚后大呼上当。其实，结婚之前，把真实的我表现得更加充分，是更加成熟、负责任的表现，这样能接受就在一起生活，不能接受就早点散吧。如果结婚后再散，双方付出代价可能更大。

人生在世，最好还是要“以真示人”。这不是谬论，有时“以真示人”还能带来意想不到的效果，广为流传的“东床快婿”的故事就是其一。

东晋时期，太尉郗鉴命令自己的管家，带上厚礼，到丞相王导家为自己的掌上明珠择婿。王府的子弟听说郗太尉派人来觅婿，都仔细打扮一番出来相见。郗府管家看来看去，感觉王府的青年才俊个个都很好。最后，郗府管家来到东跨院的书房里，就见靠墙的床上一个袒腹仰卧的青年人，对太尉觅婿一事，无动于衷。郗府管家回到府中，对郗太尉说："王府的年轻公子二十余人，听说郗府觅婿，都争先恐后，唯有东床上有位公子，袒腹躺着若无其事。"郗鉴说："哈哈，我要选的就是他了！"郗鉴来到王府，见此人既豁达又文雅，才貌双全，当场下了聘礼，择为快婿。这位东床快婿便是著名书法家王羲之。

也许有人并不认同王羲之这种为人处世方式。家里来重要客人，作为王府中重要成员，多多少少也得为家里荣誉着想，不应该袒胸露腹的，让别人误认为家里没有教养。然而，王羲之特立独行的行为并没有引起郗府的不满，反而引起了他们的兴趣。可以想象，在那个年代，以郗府权力和地位，他们的一举一动，不仅朝廷关注，社会上任何一个人都会感兴趣，更何况觅婿这等好事。谁都知道，能够成为郗府的乘龙快婿，那是多少年轻公子哥的梦想。但唯有王羲之例外，因为对郗府到王府觅婿这件事，他表现得并不是很感兴趣。当然，我们从王羲之的行为来看，无法找到他是有意为之，还是无意这样，但是从结果来看，先不论他的修为，单从他做法来讲，他已经比王府的其他年轻公子确实有高明之处。当然，郗府觅婿也很谨慎，不然也不会再去印证。最后的结论是王羲之把自己豁达的本色传达给了郗府，从而促成了这桩婚事的成功。到这里，我们可以说，也许"以真示人"在许多场合下还是好呀。当然，如果场合本身不适合于"以真示人"，建议还是要随大流，不可造次。否则，只能说不够成熟。

活出自己的本色

语录

诚意只是循天理。虽是循天理，亦着不得一分意。

——《传习录·薛侃录》

【解读】

王阳明认为，诚意只是遵循天理。虽然遵循天理，也不掺杂丝毫私欲。

什么叫遵循天理？在王阳明看来，遵循天理就是不刻意为善为恶，顺其自然。如果因某件事而动了心，这个动心则被认为掺杂私欲、被外物所扰，是刻意而为，不是遵循天理。诚意是什么，就是最本色、最真实、最朴素的，不掺杂任何私欲的。

孔子认为，人生最大的幸福就是保留人性中单纯、善良、朴实的东西，焕发本真个性，活出自己。然而现实中由于被各种环境干扰，受各种名利所惑，许多人过不上自己想要的生活，就希望自己成为别人，把自己想象成模仿中的人物，过着模仿的生活。如果提高自己的修为，不保持自己的本色，而是一味模仿他人，这样下去迟早会干出像"东施效颦"和"邯郸学步"这样的荒唐事来。

春秋时代，越国有一位美女名叫西施，无论举手投足，还是音容笑貌，样样都惹人喜爱。西施略用淡妆，衣着朴素，走到哪里，哪里就有很多人向她行"注目礼"，没有人不惊叹她的美貌。西施患有心口疼的毛病。有一天，她的病又犯了，只见她手捂胸口，双眉皱起，流露出一种娇媚柔弱的女性美。当她从乡间走过的时候，乡里人无不睁大眼睛注视。乡下有一个丑女子，名叫东施，她看到西施捂着胸口、皱着双眉的样子竟博得这么多人的青睐，回去以后也学着西施的样子，手捂胸口，紧皱眉头，在村里走来走去。哪知这丑女的矫揉造作使她样子更难看了。这个丑女人只知道西施皱眉的样子很美，却不知道她为什么很美，而去简单模仿她的样子，结果反被人讥笑。

同样的"邯郸学步"的故事更是可笑。

相传燕国寿陵地方有一位少年，不愁吃不愁穿，论长相也算得上中等，可他就是缺乏自信心，经常无缘无故地感到事事不如人，低人一等——衣服是人家的好，饭菜是人家的香，站相坐相也是人家高雅。他见什么学什么，学一样丢一样，虽然花样翻新，却始终不能做好一件事，不知道自己该是什么模样。家里的人劝他改一改这个毛病，他认为是家里人管得太多。亲戚、邻居们说他是狗熊掰棒子，他也根本听不进去。日久天长，他竟怀疑自己该不该这样走路，越看越觉得自己走路的姿势太笨、太丑了。有一天，他在路上碰到几个人说说笑笑，只听得有人说邯郸人走路姿势很美。他一听，急忙走上前去，想打听个明白。不料想，那几个人看见他，一阵大笑之后扬长而去。邯郸人走路的姿势究竟怎样美呢?他怎么也想象不出来，这成了他的心病。终于有一天，他瞒着家人，跑到遥远的邯郸学走路去了。一到邯郸，他感到处处新鲜，简直令人眼花缭乱。看到小孩走路，他觉得活泼、美，学；看见老人走路，他觉得稳重，学；看到妇女走路，摇摆多姿，学。就这样，不过半月光景，他连走路也不会了，路费也花光了，只好爬着回去了。

现实中，我们去模仿别人的行为很多。为什么这么说呢?因为许多人是别人的粉丝，或者把某个人当做自己的偶像。作为粉丝，我们常常会不经意去模仿自己崇拜的人，而不管这种模仿是不是适合自己，尤其是在时尚界更是如此，比如我们经常听说今年流行什么款式，什么色调等等，这些都是很正常的，与“东施效颦”、“邯郸学步”不是一个类型，那种模仿是一种机械式的模仿，没有一点品味，只给别人提供笑料罢了。其实，我们提倡每个人都要根据自己的特点，扬长避短，寻找适合自己的形象，盲目模仿别人的做法是愚蠢的。举“东施效颦”、“邯郸学步”的例子，就是要告诫大家如果生搬硬套，机械地模仿别人，不但学不到别人的长处，反而会把自己的优点和本领也丢掉。

率性而为，活得自在

语录

率性是“诚者”事，所谓“自诚明，谓之性”也。

——《传习录·薛侃录》

【解读】

王阳明认为，遵循自己天性去行动的是有“诚意的人”做的事，这就是《中庸》中的“自诚明，谓之性”的意思吧。

率性而为，看似简单其实很难做到，因为心里有太多的牵挂，遇到不如意的事，我们仍然无法超脱。当然，不仅是我们，古代的名人也是如此。

诗人杜甫就放不下忧国忧民的牵挂，他在《茅屋为秋风所破歌》这样写道：“八月秋高风怒号，卷我屋上三重茅。茅飞渡江洒江郊，高者挂罥长林梢，下者飘转沉塘坳。南村群童欺我老无力，忍能对面为盗贼。公然抱茅入竹去，唇焦口燥呼不得，归来倚杖自叹息。俄顷风定云墨色，秋天漠漠向昏黑。布衾多年冷似铁，娇儿恶卧踏里裂。床头屋漏无干处，雨脚如麻未断绝。自经丧乱少睡眠，长夜沾湿何由彻！安得广厦千万间，大庇天下寒士俱欢颜，风雨不动安如山！呜呼，何时眼前突兀见此屋，吾庐独破受冻死亦足！”从这首诗我们可以看得出来，如果杜甫能够做到率性而为，自然不会“安得广厦千万间，大庇天下寒士俱欢颜”的说辞了。词人辛弃疾也是如此，他在《破阵子·为陈同甫赋壮词以寄》里写道：“醉里挑灯看剑，梦回吹角连营。八百里分麾下炙，五十弦翻塞外声。沙场秋点兵。马作的卢飞快，弓如霹雳弦惊。了却君王天下事，赢得生前身后名。可怜白发生！”从这首词我们可以看得出来，如果辛弃疾能够做到率性而为，也不会发出“醉里挑灯看剑，梦回吹角连营”壮志难酬的感慨。此外还有如阮籍那样，如果不是因为出生在那个祸乱的年代，他也不会有“我醉欲眠君且去，明朝有意抱琴来”的癫狂神态。当然，现实中我们也见过像李白那样的人，率性而为，过着“人生得意须尽欢，莫使金樽空对月”的放荡不羁的生活。但很少见过像陶渊明那样依着自己的本性不为“五斗米折腰”，因为我们往往把“折腰”作为实现我们愿望的一种方式或者是手段，而这恰恰证明了现实中我们许多事情是身不由己，我们的内心如何超越，是选择像陶渊明那样的坐在“自行车后面笑”，还是忍气吞声坐在“宝马车里面哭”？

选择没有对错之分，关键是否对内心造成影响。如果你的选择让内心无法平静，这种选择就不是率性而为，因为你过于在意你的选择；如果你的选择对你的内心没有造成很大的伤害，那么这种选择就没有错。陶渊明的选择是因为他确实无法容忍“折腰”的生活，有诗句为证：“误落尘网中，一去三十年”（出自《归园田居》），可见陶渊明经过三十年的反复试验，最后还是无法适应，被迫放弃。

人的本性像刚出生的婴儿，无所谓对与错，无所谓善与恶，如同一张白纸，毫不沾染任何颜色。每个人根据自己的需要画上各种图案，涂上各种颜色，这本身没有什么对错之分，问题的关键这是不是我需要的生活，如果是，就坚持，如果不是就放弃，这才是真正的率性而为的态度，我们不必在意世人的眼光，关键是内心是否平静而充实。

做人要讲诚信

语录

臆不信，即非信也。

——《传习录·答欧阳崇一书》

【解读】

王阳明认为，猜测别人不相信自己，其实是不诚信的表现。

从古至今，诚信都是衡量人品的重要标尺。孔子说：“人而无信，不知其可也”（《论语·为政》）。如果一个人言而无信，也就失去了做人的基本条件。

与以往相比，在今天这个信息发达、竞争激烈的社会中，人与人之间的感情越来越疏远，由于各种利益冲突，钩心斗角、尔虞我诈、机关算尽，出卖朋友、亲友事件频频发生，我们好像越来越习惯于把自己装在一个套子里，总用一种狐疑的目光打量这个世界，甚至还有时会冷眼相对，信守承诺在我们心中好像已经成为稀有物品。

事实上，诚信是一个人安世立命的基本准则，也是与人交往的前提要求。如果我们只为小便宜处处失信于人，不但会失去朋友，还会失去所得到的一切。对于那些无法遵守诺言的人，我们一向持批评态度，因为只有言而有信，才能得到他人的信任，他人才会将心交于你，给予你存世的支撑。

古代常常用“曾子杀猪教子”的故事来告诫：父母用谎言必然会教会孩子说谎，用诚实必然教会孩子诚实。如果在孩子面前用谎言来欺骗他，将来他也会用谎言欺骗父母。

曾子妻子要去赶集，孩子哭着叫着要和母亲一块儿去。于是母亲骗他说：“乖孩子，待在家里等娘，娘赶集回来给你杀猪吃。”孩子信以为真，一边欢天喜地地跑回家，一边喊着：“有肉吃了，有肉吃了。”

孩子一整天都待在家里等妈妈回来，村子里的小伙伴来找他玩，他都拒绝了。他靠在墙根下一边晒太阳一边想象着猪肉的味道，心里甭提多高兴了。

傍晚，孩子远远地看见妈妈回来了，他一边三步并作两步的跑上前去迎接，一边喊着：“娘，娘，快杀猪，快杀猪，我都快要馋死了。”

曾子妻子说："一头猪顶咱家两三个月的口粮呢，怎么能随随便便杀猪呢？"

孩子哇的一声就哭了。

曾子闻声而来，知道了事情的真相以后，二话没说。转身就回到屋子里。过一会儿，他举着菜刀出来了，曾子的妻子吓坏了，因为曾子一向对孩子非常严厉，以为他要教训孩子，连忙把孩子搂在怀里。哪知曾子却径直奔向猪圈。

妻子不解地问："你举着菜刀跑到猪圈里干啥？"

曾子毫不思索地回答："杀猪"。

妻子听了扑哧一声笑了："不过年不过节杀什么猪呢？"

曾子严肃地说："你不是答应过孩子要杀猪给他吃的，既然答应了就应该做到。"

妻子说："我只不过是骗骗孩子，和小孩子说话何必当真呢？"

曾子说："不能和小孩子随便开玩笑，孩子小，还没有分辨是非的能力，事事都模仿着父母的言行，听从父母的教诲。现在你向他说谎话，孩子长大了后也要向别人说谎。大人说话不算话，有什么资格教育孩子呢？"

妻子听后惭愧地低下了头，夫妻俩真的杀了猪给孩子吃，并且宴请了乡亲们，告诉乡亲们教育孩子要以身作则。

虽然曾子的做法遭到一些人的嘲笑，但是他却教育出了诚实守信的孩子。曾子杀猪的故事一直流传至今，他的人品一直为后代人所尊敬。

"诚信为本"、"一诺千金"的故事同样在北京大学学生中流传。

一位大学新生去北大报到，当天事务确实很多，拿饭票，领学生证，铺床，买热水瓶……这位新生带着沉重的行李，不知如何是好。恰巧对面走来一位老人，新生以为是工友，就说老师傅替我看个行李成吗？老头说行。后来新生就去忙乎了。从早忙到傍晚，新生忽想起自己的行李还在校门口让老头看着呢。他满心愧疚地往校门口跑，也没抱多大希望。谁知那老头颤巍巍地还在那儿等他，白头发在风里飘啊飘的。新生眼泪一下子就出来了。第二天入学典礼，新生这才知道老人就是著名学者、北大副校长季羡林。

诚信是道路，随着开拓者的脚步延伸；诚信是智慧，随着博学者的求索积累；诚信是成功，随着奋进者的拼搏临近；诚信是财富的种子，只要你诚心种下，就能找到打开金库的钥匙，做人一定要一言九鼎。当然，也有因不守约定而掉脑袋的例子。

春秋时，齐景公任命田穰苴为将军，统率齐军抵御燕国、晋国的军队。田穰苴说："我一向地位卑贱，您把我从平民之中提拔上来，加官在大夫之上，恐怕士兵不信服，百姓不亲近，人的地位卑微，权力自然没有分量。我请求您派一位宠信的大臣或全国所尊敬的人作为监军。这样才可以。"齐景公答应了穰苴的请求，派他宠臣庄贾作为监军。于是，穰苴便与庄贾约定，第二天中午在军营会面。但庄贾一向傲慢惯了，依仗景公平日对自己的宠爱，骄气十足，加上自己被任命为监军，职位与穰苴相当，因此全然不把穰苴的军令放在心里。到第二天傍晚，庄贾才急匆匆赶到。穰苴严格按照军法从事，立斩庄贾。齐景公闻讯后，派使者拿着符节前来救庄贾。使者骑马直入军中，违反了军纪，被穰苴捉住，要按军法从事。吓得使者面如土色，跪地求饶道："我是奉国君之命而来，这一切不干我的事呀！"穰苴说："既是这样，国君的使者不可杀。"于是杀了使者的仆人，砍了车子左边的木杆，杀了在左边驾车的马，并向全军通报。使者保全了一条性命，抱头鼠窜而去。三军将士见穰苴如此执法如山，一个个不寒而栗。一时间，军纪严明，军威大振。晋军听到这些消息，就罢兵撤退；燕军听到这些消息，刚刚渡过黄河就向北撤走。

杀人立威，这在军队中经常用到。当然还为了实施某项政策，也有采用取信于民的做法。最有名的要数商鞅变法。商鞅叫人在都城的南门竖了一根三丈高的木头，下命令说："谁能把这根木头扛到北门去，就赏十两金子。"但没人去做。商鞅知道老百姓还不相信他下的命令，就把赏金提到五十两。这时人群中有一个人说："我来试试。"他说着，真的把木头扛起来就走，一直搬到北门。商鞅立刻派人赏给扛木头的人五十两黄金。这件事立即传了开去，一下子轰动了秦国上下。后来，商鞅变法得到了百姓的信任。

可见，言而有信，在治理军队、国家中都能发挥重要的作用；如果言而无信，任何法令，谁还会听从呢？

百善孝为先

语录

父而慈焉，子而孝焉，吾良知所好也。

——《王阳明全集之三(悟真录)》

【解读】

王阳明认为，父母慈爱，子女尽孝，这是我良知学说所提倡的。

中国自古以来就有孝行天下的传统，无论儒家、道家等各种学说里，都把“孝”放在突出的位置。孟子曰：“不得乎亲，不可以为人；不顺乎亲，不可以为子。”中国有首名为《劝孝歌》的古诗：“人不孝其亲，不如禽与兽。”鲁迅也说过：不孝的人是世界最可恶的人。这些名人名言无不证明：一个人不论他出身什么样的家庭，也不论他将来的地位有多大的变化，只要他的父母还健在，那么他就有尽孝道的义务，这也是人之所以为人的根本。

“孝”是中国传统伦理道德的起点。一个重孝道的人，必然是有爱心、讲文明的人。重孝道的家庭，亲情浓郁、关系牢固；反之，必然是亲情淡薄、家庭结构脆弱容易解体。而家庭是社会的基础，可见，不重孝道将会影响到整个社会的稳定与和谐。正像李光耀指出的：“孝道不受重视，生存的体系就会变得薄弱，而文明的生活方式也会因此而变得粗野。我们不能因为老人无用而把他们遗弃。如果子女这样对待自己的父母，就等于鼓励他们的子女将来也同样对待他们。”

有这样一个故事。从前有一对夫妻生了一个白白胖胖的儿子，他们对儿子尽心竭力地抚养，所以儿子一天天茁壮成长。这对夫妻还有一个老母亲与他们同住，平时儿媳老是嫌弃婆婆，不愿意养婆婆，但是婆婆因为能帮他们干活，所以媳妇虽有怨言但还是让婆婆同他们吃住。年复一年，随着孙子渐渐长大，老奶奶越来越老了，她的腰因为长年的劳作变得弯曲佝偻，她再也不能做重活了。而且由于年龄的原因，吃饭的时候常会撒出一些饭粒。这时候，媳妇看婆婆越来越不顺眼，她急于想把婆婆赶出家门，于是总在丈夫面前说婆婆的坏话，没想到丈夫竟然答应了妻子赶母亲出门。一天吃过午饭，这对夫妻就把老母亲送到三十里外的山沟里，扔下几块饼，让老母亲自生自灭。没想到回家后，他们发现儿子在村口的大树下坐着。夫妻俩问儿子为什么不回家，儿子说，“我在等奶奶，你们现在把奶奶拉出三十里外，以后我拉你们八十里也不止。”听了儿子的一番话，夫妻俩顿时明白了。他们赶紧回到山沟里把母亲接了回来。

试想一下，父母养育我们多年，如果等到老了却享受不到应有的亲情，是多么寒心！同样的，等我们老了，如果孩子不尽孝，我们难道不寒心吗？朋友们，趁自己还年轻，赶快尽孝吧。

我们为什么要尽孝

语录

不慈不孝焉，斯恶之矣。

——《王阳明全集之三(悟真录)》

【解读】

王阳明认为，不慈不孝，这是非常恶劣的行为。

为什么说“百善孝为先”呢？因为母爱是最无私、最圣洁、最伟大的人类情感。父母给予孩子的是不需要任何回报，也不讲任何条件的，是最伟大的爱。《诗经》中说：“哀哀父母，生我劬劳。”父母生养我们的时候，辛酸劳瘁，不是一般人所能想象的。

因为有爱，母亲忘了自己；因为有爱，母亲谱写着这世间伟大传奇。地震来袭时，面对落下的瓦砾，她本能地挺身而出，用怀抱为孩子搭起最伟大的庇护所，用柔弱的血肉之躯撑起儿女的整个世界，这是汶川大地震最感人的故事。

一根根扭曲的钢筋、一层层整块的水泥预制板，压着、别着、挤着、盖着无数的死尸和奄奄一息的人们，地震后的大地上一片狼藉。救援人员在搜救时，在废墟中垮塌下来的房子里发现一具遗体，她诡异的死亡姿势引起救援人员的注意，双膝跪着，整个上身向前匍匐着，双手扶着地支撑着身体，有些像古人行跪拜礼，只是身体被压得变形了。救援人员从废墟的空隙伸手进去确认了她已经停止呼吸，是被垮塌下来的房子压死的。他们再冲着废墟喊了几声，用撬棍在砖头上敲了几下，里面没有任何回应。

当人群走到下一个建筑物的时候，救援队长忽然往回跑，边跑变喊“快过来”。他又来到她的尸体前，费力的把手伸进女人的身子底下摸索，他摸了几下，高声地喊“有人，有个孩子，还活着”。

经过一番努力，人们小心地把挡着她的废墟清理开。原来在她的身体下面躺着她的孩子，包在一个红色带黄花的小被子里，大概有三四个月大，由于母亲身体庇护着，怀中的孩子毫发未伤。救援人员抱出孩子的时候，他还在静静地睡着，仿佛什么都未曾发生过。他根本不知道，这个世界发生着怎样的天崩地裂，他更不知道，是母亲给了他第二次生命，他熟睡的脸让所有在场的人感到很温暖。

随行医生在包裹孩子的被子里发现一部手机，手机屏幕上面是这位母亲在死之前给孩子留下的已经写好的短信："亲爱的宝贝，如果你能活着，一定要记住我爱你。"这一句朴素的话诠释了母爱最质朴的意义，我们还有什么理由不孝顺自己的父母呢？

孝顺要发自内心

语录

此心若无人欲，纯是天理，是个诚于孝亲的心，冬时自然思量父母的寒，便自要求个温的道理。夏时自然思量父母的热，便自要求个清的道理。这都是那诚孝的心发出来的条件。

——《传习录·徐爱录》

【解读】

王阳明认为，孝心如果没有半点矫揉造作，是符合天理的，是对父母发自内心的“敬”，孝顺的儿女冬天时自然思量父母的寒，便亲自要去求个温的道理。夏天时自然思量父母的热，便亲自要去求个清的道理。这都是诚孝的心自然的反应。

什么是真正的孝？《论语》里有个小故事。有一天，孔子的学生子夏问孔子什么是孝，孔子回答得很简单，只说了两个字——“色难”。就是说给父母一个好脸色是最基本的孝道，也是最难做到的。孝敬父母，必须对父母和颜悦色，让父母感到愉悦。就像《礼记·祭义》上说的：“孝子之有深爱者必有和气，有和气者必有愉色，有愉色者必有婉容。”给父母一个好脸色都做不到，其他的所谓“孝行”，又有多少是发自内心呢？

在王阳明看来，“孝”是一种自觉的伦理意识和道德情感，是不加任何条件的，是对父母发自内心的“敬”。孝顺的儿女冬天时自然思量父母的寒，便自然要去求个温的道理；夏天时自然思量父母的热，便自然要去求个清的道理，这都是诚孝的心自然的反应。所以子女在孝顺父母的时候，一定要真心诚意，表里如一。

下面，我们来看看“箱子里的秘密”这个故事，它讲的是三个儿子为了金钱才照顾自己年迈的父亲，这种孝行其实并不是真正的孝行，因为不是发自内心，而是有条件的，是我们需要批判的“孝行”。

从前，有个老人，妻子去世后一直一个人过着孤单的生活。他一生都是个辛苦工作的裁缝。现在他太老了，已经不能做活儿了。他的双手抖得厉害，根本无法穿针，而且老眼昏花，缝不直一条线。他有三个儿子，都已长大成人，并结婚有了各自的家。他们忙于自己的生活，只是每周回来和父亲吃一顿饭。渐渐地，老人的身体越来越虚弱了，儿子看他的次数也越来越少。他心想：他们不愿意陪在我身边，因为他们害怕我会成为他们的累赘。他彻夜不眠，为此而担心。最后去请教了当地的一名智者，这名智者帮他想出了一个办法。

第二天一早，他去找木匠做了一个大箱子，然后又跟锁匠买了一把旧锁头，最后向吹玻璃的朋友要了一些碎玻璃。

老人把箱子拿回来，装满碎玻璃，紧紧地锁住，放在了饭桌下面。当儿子们又过来吃饭的时候，他们的脚踢到了箱子上面。

他们向桌子底下看，问他们的父亲："里面是什么？"

"噢，什么也没有，"老人说，"只是我平时省下的一些东西。"

儿子们轻轻动了动箱子，想知道它有多重。他们踢了踢箱子，听见里面发出响声。"那一定是他这些年积攒的珠宝。"儿子们窃窃私语。

他们经过讨论，认为应该保护这笔财产。于是，他们决定轮流和父亲一起住，照顾他。第一周年轻的小儿子搬到父亲家里，照顾父亲，为他做饭。第二周是二儿子，再下一周是大儿子。就这样过了一段时日，最后，年迈的父亲生病去世了，儿子们为他举办了体面的葬礼，因为他们知道饭桌下面有一笔财产，为葬礼稍微挥霍一些，他们还承担得起。

葬礼结束后，他们满屋子搜，找到了钥匙。打开箱子后，他们看到的当然是碎玻璃。

"好恶心的诡计，"大儿子说，"对自己的儿子做这么残忍的事情！""但是，他还能怎么做？"二儿子伤心地问，"我们必须对自己诚实，如果不是为了这个箱子，直到他去世也不会有人注意他。""我真为自己感到羞愧，"小儿子抽泣着，"我们逼着自己的父亲欺骗我们，因为我们没有遵从小时候他对我们的教诲。"

但是，大儿子还是把箱子翻过来，想看清楚在玻璃中是不是真的没有值钱的东西。他把所有的碎玻璃都倒在地上，顿时三个儿子都无言地看着箱子里面，箱子底下刻着一行字：孝顺要发自内心。

孝顺不仅仅是形式，更重要的是在于内心，由衷而出的，是人内心情感的表达。无论贫富，我们在履行赡养父母时，只要用一颗真正的孝心让父母开心愉快，自己也就真正尽到了孝道。

孝顺不是靠说而是靠行动

语录

就如称某人知孝，某人知弟，必是此人已曾行孝行弟，方可称他知孝知弟，不成只是晓得说些孝弟的话，便可称为知孝弟。

——《传习录·徐爱录》

【解读】

王阳明认为，比如知道某人很孝顺，必定是此人曾经做过孝顺的事，才可能知道他很孝顺，绝不是因为他说了孝顺的话，而认为此人很孝顺。

王阳明认为，孝顺不在于说，更在于做。很多人总在说，等到有钱和时间了，一定要好好孝敬父母，其实这在逃避责任。父母对我们没有太多的要求，有一口安稳饭吃，花点时间陪陪就足矣。这点我们要学学子路和剡子，只要父母有所需求的，我们都应该尽力满足。

子路，春秋末鲁国人。在孔子的弟子中以政事著称。尤其以勇敢闻名。但子路小的时候家里很穷，长年靠吃粗粮野菜等度日。

有一次，年老的父母想吃米饭，可是家里一点米也没有，怎么办？子路想到要是翻过几道山到亲戚家借点米，不就可以满足父母的这点要求了吗？

于是，小小的子路翻山越岭走了十几里路，从亲戚家背回了一小袋米，看到父母吃上了香喷喷的米饭，子路忘记了疲劳。邻居们都夸子路是一个勇敢孝顺的好孩子。

剡子是周朝时代人，祖上世代以耕种为生，老实巴交的爹妈，披星星戴月亮地一年到头苦苦劳作，也只是混个半饥半饱。这年赶上闹灾荒，田里收成不济，日子越发艰难，爹妈忧急交加，一时心火上攻，双双眼睛失明，这可急煞了小小年纪的剡子。为了给爹妈治病，剡子每天半糠半菜地侍奉双亲充饥后，就到处求人，寻医问药。

一天，剡子到深山采药，路过一座庙宇，便进去讨口水喝。他见方丈童颜仙骨，就向他请求治疗眼疾的药方。老方丈问明缘由，沉吟一下说："药方倒有一个，恐怕你采不来。"

"请说，我舍命去采！"

"鹿奶，鹿奶可以治眼疾。"

剡子听了，立即叩头谢过老方丈，飞步赶往鹿群出没的树林中。这里的鹿确实不少，可它们蹄轻身灵，一见有人靠近，就一阵风似的飞快逃去。

怎样才能弄来鹿奶呢？剡子绞尽脑汁，昼思夜想。

一天，他见村东头猎户家的墙头上晒着一张鹿皮，忽地眼前一亮：把鹿皮借来，披在身上，扮成小鹿的模样，不就能悄悄接近鹿群了吗？

于是，剡子迫不及待地走进猎户家，说明来意。好心的猎户欣然把鹿皮借给了他，还指点剡子如何模仿小鹿四肢跑跳的动作。经过多次演练，剡子竟然举腿投足都像一只活脱脱的小鹿子。

第二天，剡子用嘴叼着一只木碗，悄悄地蹲在树林里。待鹿群走近时，披着鹿皮的剡子像一只小鹿似的不紧不慢地凑到一只母鹿身边，轻手轻脚地挤了满满一木碗鹿奶。直到鹿群走开了，他才站起身来，捧着鹿奶直奔家中。

打这以后，剡子多次用扮成小鹿的办法，去挤母鹿的奶汁。爹娘由于常常喝到鲜美的鹿奶，营养不良的身体一天天强壮起来，后来，失明的眼睛，果然奇迹般地恢复了光明。

对父母是尽孝而不是养老

语录

如言学孝，则必服劳奉养，躬身孝道，然后谓之学。岂徒悬空口耳讲说，而遂可以谓之学孝乎？

——《传习录·答顾东桥书》

【解读】

王阳明认为，如果说做到了孝道，则一定是亲自去服侍老人奉养老人，亲力亲为地尽自己的孝道，然后才能说尽到了孝道。哪有把孝道放在嘴巴上讲讲，而认为尽了孝道呢？

在中国，对父母尽孝道一直是做人的大问题。任何尽孝，不同的人有不同的答案。正因为如此，许多人反而误解了“孝”的本意。对父母只是养老，却并没有尽孝。

有一个财主有两个儿子，大儿子愚笨，不讨人喜欢，小儿子聪明伶俐，于是财主就尽心抚养小儿子。两个儿子逐渐长大了，大儿子一直在家里陪着父母，小儿子因为颇有才华，被父亲送到县城读书。

小儿子果然不负众望，考取了功名，一家人欢天喜地，两位老人也准备收拾行李和小儿子一起到新地方开始生活。本来小儿子不想带着父母，但是想到兄长愚钝，就勉为其难地带上了两个老人家。

到了就职的地方之后，小儿子给父母选了一间房子，安排了一个奴婢，从此就消失了。两位老人看不见他的人影，生病了也只能使唤下人去找大夫。虽然在这里不愁吃穿，但是两个老人心里很难过。

一年以后，大儿子带着家乡的特产过来看弟弟，一见到老人，就难过地哭了——一年不见，父母老了许多，以前胖胖的父亲也瘦成一把骨头了。虽然大儿子很笨拙，但是很心疼父母，他决定带着父母回家生活。父母想到自己以前和大儿子生活在一起的时候从来没有把他当回事，端茶倒水像下人一样使唤，但是他从来没有生气，反倒是乐呵呵地照顾父母，不禁流下了眼泪。就这样，笨哥哥又带着老人回到乡下去了。小儿子想不明白，为什么父母不跟着我这样有头有脸的儿子，却要和那笨人一起生活。

其实，感动老财主的正是大儿子那亲力亲为的举动，让父母感受到他的一片孝心。现代社会，很多人可能会逢年过节给家里寄一些钱回去，但是父母缺的并不是钱，而是关爱之心。请不要让你的父母感到孤独，不在身边，经常给父母打一通电话；在身边，时常给父母倒盆洗脚水。

处世篇

不要直言，但要讲真话

语录

真言求功。

——《官讳经》

【解读】

王阳明认为，用真话去求得成功。

一句话，可能会使自己转祸为福、转危为安，也有可能使走向相反的方向。说话是一种技能，也是一门艺术。俗语称："见人说人话，见鬼说鬼话"，就是说会说话的人，懂得什么场合说什么话。说话要想说得恰到好处，必须说话之前要考虑好受众者的身份、成长环境、文化背景、性格特征、兴趣爱好等各种因素，拿捏好该怎么说，通过什么方式说，说到什么程度。说话的形式多样，有直言的，也有绕弯子的；有直截了当的，也有借他人之口的；有挑白了说，也有暗示或含蓄的；有在公共场合说，也有私下里的等等。但是不管怎样说，一般的都不主张说直话，因为直话是最有可能让对方难以接受的方式。历史上说直话而招致祸害的大有人在，所以我们一般主张绕弯子说话，不管这绕弯子程度有多大，但总会有好处。有这样一则寓言故事：

百兽之王狮子想吃其他兽类，但得找借口。于是张开大嘴让百兽闻自己的口是香还是臭。首先轮到狗熊，它闻后如实地说："有股肉的腥臭味。"

狮子怒道："你不尊重我，留你何用。"将它吃掉了。

第二天，轮到猴子来闻。鉴于头天狗熊的教训，它乖巧地说："哟，好一股肉的清香味啊！"

狮子又怒曰："你溜须拍马，留你何用。"又将它吃掉了。

第三天，轮到兔子来闻。它知道，说臭要被吃掉，说香也要被吃掉，于是它凑到狮子嘴边，故意闻得十分认真，但却老不开口。

狮子急了，催它快说。

兔子便说道："报告大王，我昨晚受了风寒，感冒鼻塞，闻了这么久，实在闻不出是臭还是香。等我好了，鼻子通了，再来闻吧。"狮子无奈，只好放了它。

兔子正是说话转个弯儿，巧妙地回避了这个难于回答的问题，才得以保全了自己的性命。

说话可以绕弯儿，但是所表达的内容应该是真实的，也就是说形式可以多样，但内容必须真实可信。我们每个人都喜欢听真心话，不想听虚伪的话，或者假话，而真正能够打动人心的也还是那些真话。真话对个人而言如此，对企业乃至国家治理都是如此。唐朝初期为什么能形成贞观之治的局面，这与那个时期君臣互信，敢讲真话有很大联系。一般而言，有讲真话的氛围，大家敢讲真话，那个企业乃至国家，才会昌盛。有时，为了能够听真话，许多当政者采取了许多措施。传闻中彼得大帝非常相信酒后吐真言，经常把大臣灌醉来听听他们的心里话。可见，谁都想听真话，不想听假话，让我们都说真心话，尽可能多说真心话，最好不说或少说违心话。

说好话也要有一定度

语录

言不可尽善。

——《官讳经》

【解读】

王阳明认为，说好话但好话不能说过头。

人活到这个世上，不管是小孩还是大人，喜欢听好话几乎是所有人共同的特性。我们每个人都希望得到别人的认可，都希望受到别人的称赞。当然如果这种认可或者称赞恰如其分，听者自然非常高兴；但是如果这种恭维话过了头，不仅令对方不自在，反而会让人觉得你虚情假意、逢场作戏，反而怀疑你说话的企图。说好话也要有一个度，也要看什么情况下跟什么人说。

有一次一群朋友在一起聚会，吃饭的时候，大家交换名片，其中有一位来自报社，另一位试图对其进行称赞，一看是报社的，便稀里糊涂地说："哇，您是有名的大作家！"人家问："我怎么有名？"他说："我每次都看见你写的文章。"人家说："我的文章都在哪里？"他说："每次都是头版头条啊！"然后人家告诉他："真的吗？我是专门写讣告的。"讣告能在头版头条吗？显然是虚假的赞扬引起了别人的反感。但是这位先生仍然没有意识到自己的错误，看到旁边有一位小姐，聊了没几句，本来这位小姐长得很胖，他说："小姐，你真苗条！"小姐说："什么，说我苗条？我知道你是在骂我。"

虚情假意的奉承对人对己有害而无利，相反，真诚的赞美会让人内心明亮、灿烂无比。当别人感觉到你的赞美是由衷的，那赞美的话很容易被接受。

大音乐家勃拉姆斯是个农民的儿子，生于汉堡的贫民窟，没有受教育的机会，更无从系统地学习音乐，所以，对自己未来能否在音乐事业上取得成功缺乏信心。然而，在他第一次敲开舒曼家大门的时候，他一生的命运在这一刻就决定了。当他弹完一曲站起来时，舒曼热情地张开双臂拥抱了他，兴奋地喊道："天才啊！年轻人，天才……"正是这发自内心的由衷赞美，使勃拉姆斯的自卑消失得无影无踪，也赋予了他从事音乐艺术的坚定信心。在那以后，他便如同换了一个人，不断地把心底里的才智和激情流泻到五线谱上，成为音乐史上一位卓越的艺术家。

有一句话说得好：真实的赞扬如拂面清风，清爽怡人；虚假的赞扬像给人吃大块的肥肉，让人烦腻不堪。因此，我们在赞美他人时一定要坚持适度的原则，尽量用准确、贴切、深刻、生动、完整的语言把发自内心的由衷之感说出来，而不是过分夸张和矫揉造作地表达自己的赞美之情。这里简单地介绍两种方法：

一种是比较性的赞美。这种方法是将两个人或两件事相比较，在夸奖对方的同时，让他意识到自己的优点和存在的差距，使对方对你的赞美深信不疑。有一次，汉高祖刘邦与韩信谈论诸将才能高下。刘邦问道："你看我能指挥多少兵马？"韩信回答："陛下至多能指挥 10 万兵马。"刘邦又问："那你能指挥多少兵马呢？"韩信自豪地回答："臣多多益善耳。"刘邦笑道："既然你带兵的本领比我大，却为什么被我控制呢？"韩信很诚实地说："陛下不善于指挥兵，但善于驾驭将，这是我被陛下控制的原因。"刘邦自己也曾说过，统一指挥百万军队，战无不胜，攻无不克，他不如韩信。这是他做了皇帝以后对自己的评价。韩信的赞美，首先肯定了刘邦控制大臣为自己效命的能力，但又指明了他在带兵作战方面与自己相比有不足之处，正与刘邦的自我评价相吻合。话说得很实在、很坦诚，刘邦不但不怒，反而很满意。此时，韩信与刘邦关系已很紧张，如果他违心地恭维刘邦，调兵遣将无所不能，恐怕刘邦不愿意听，甚至会怀疑他在吹捧、麻痹自己。

另一种是根据对方的优缺点提出自己的希望。这种方法是有所保留的赞美，既看到对方的优点和长处，同时又看到他的弱点和不足，讲究辩证法。常言道："瑕不掩瑜。"指出对方的缺点和不足，并提出一定的希望，不仅不会损害你赞美的力度，相反，却使你的赞美显得真诚、实在，易于为人接受。尤其是领导称赞下属时，要有一是一，有二是二，把握分寸，有所保留。可以多用"比较级"，千万慎用"最高级"。领导可以在表扬时，把批评和希望提出来。

有个企业的广告词说："只有更好，没有最好。"就显示了企业的真诚承诺，而不是哗众取宠、华而不实。赞美别人的时候要记住了：一个人的成绩和优点毕竟是有限的。要赞美别人，应当一分为二，有成绩肯定成绩，有不足也要说明不足，控制好赞美的度。

对自己亲近的人也要谨慎说话

语录

善不可尽言。

——《官讳经》

【解读】

王阳明认为，对自己亲近的人，也不可以把所有话都跟他说。

说话看对象，也要看场合，同时还要看说话的内容。这不仅对一般人而言，对自己亲近的人也是如此。明代吕坤在《呻吟语》中提到，“慎言之地，惟家庭为要；应慎言之人，惟妻子、仆隶为要。此理乱之原而祸福之本也。人往往忽之，悲夫！”这话极为中肯，在外人跟前，我们都抱有一定戒心，常常自我提醒要慎言。到了家里则不同，这里是安全的港湾，可以卸下一切心灵的包袱，说话随意，有时可能会酿成悲剧。

本来，夫妻之间过日子吵架是正常的，吵起来什么难听说什么。但是床头吵架床尾和，发泄一通、消消气可能既有利于身体健康，又有利于婚姻的长治久安。不过，有一个底线、一个禁忌，就是不要说“离婚”这个词。因为说出这个词，不论是说的，还是听的，都会有一种瞬间被摧毁的感觉。然而有一次我的一个朋友，不小心在跟妻子吵架时，说出了“离婚”这个词，但碍于面子，把本来美好的婚姻给断送了，后来他说，那次不过是气话，其实老婆人挺好的。

心与心的距离就像硬币的两面，有时候很近，近得似乎融为一体；但有时候又很遥远，远到永远不可能达到对面。没有人能完完全全地理解另一个人，也没有一个人能被人完完全全理解，这对我们最亲近的人也是如此。事实上，我们每个人内心里都有一片私人领域，在这里埋藏了许多心事。心事是自己的秘密，一般时候都只可留给自己，不管是谁请不要轻易说出口。

有一篇文章叫做《说话的温度》，它这样写道：急事，慢慢地说；大事，清楚地说；小事，幽默地说；没把握的事，谨慎地说；没发生的事，不要胡说；做不到的事，别乱说；伤害人的事，不能说；讨厌的事，对事不对人说；开心的事，看场合说；伤心的事，不要见人就说；别人的事，小心地说；自己的事，听听自己的心怎么说；现在的事，做了再说；未来的事，未来再说。请记住，这一点对自己亲近的人也适用。总之，不管对谁，要记住这样一句话：“良言一句三冬暖，恶语伤人六月寒”，说话任何时候都要谨慎。

诽谤他人是一种不道德的行为

语录

以言语谤人，其谤浅。

——《传习录·答周道通书》

【解读】

王阳明认为，用言语诽谤别人，这种诽谤其实是很肤浅的。

我们一直主张，说话要小心，因为话一旦说出口，就像泼出去的水，再也收不回来了。俗话说得好："东西可以随便吃，话可不能乱说"，尤其是没有证实的话，或者是损害别人声誉的话，更不能随便乱说。

《杂譬喻经》上记载，以前有只甲鱼遭遇枯旱，湖水干涸，不能到达有食物的水池。这时有只大鹤来到旁边，甲鱼求它帮助，大鹤就把它衔住飞过都邑。甲鱼一直不肯沉默，不断地问："这是什么？"这样大鹤就开口回答，刚一开口，甲鱼就坠落地上，被人们屠食。我们不注意自己的口舌，就和这个比喻一样，随意开口诽谤，容易成为堕落之因。

佛家非常讲究谨言慎语。他们认为，如果没有正知正念，在语言上不注意取舍，总有一天会以自己的口舌造下弥天罪业。因此，他们特别强调有三种地方是不能诽谤的，即不能诽谤众望所归的有德之士，不能诽谤他人买卖的物品，不能诽谤慈悲自己的善知识。

《百业经》中有一则这样的公案：

佛世之时，一天目犍连以神通至地狱，见一众生，身体长达几由旬，正在无间地狱中受苦。很多狱卒拖出它的舌头铺在烧红的铁地上钉住。有时候，整个舌头和身体都被火烧尽，一会儿又复活过来。很多农夫在舌头上耕地，耕牛和农夫的脚踏下去又抬起来，每一步有一个兵器出来，把舌头割成块块碎肉，这个众生受苦难忍，辗转翻滚，大声号叫。目犍连入定观察它前世的恶业因缘，但是神通力不够，他就回来问佛。

佛说："这个众生曾经造过极大恶业。往昔无失心如来出世时，王宫里有一位三藏法师，受到王宫上下及内外城民的恭敬供养，衣食药物都非常富足。后来有位罗汉法师带着五百眷属在宫中小住之后，住到王宫外面。这位罗汉法师，相貌很好，而且具有圣者德行，所以很多人对他有极大信心，对他作很恭敬的供养承事。这样就引起宫中三藏法师的嫉妒。

他在众人面前诽谤说："那位法师已破根本戒，他行持的不是佛法，是外道之法，都是邪知邪见，你们千万不要依止，对他恭敬供养没有利益。听到这话的人都信以为真，以后很多人不再恭敬供养罗汉法师。当然罗汉法师心里也明白原因所在，他决定离开此地，以免三藏法师造下更多的谤业。王宫当中的三藏法师很高兴，他的名闻利养也恢复如初。但是，他死后就堕入无间地狱，就是现在地狱中受苦的众生。以他无因诽谤罗汉比丘，从无失心如来一直到现在我的教法之下，都没有得到解脱。"

目犍连又问："世尊，他何时才能得到解脱？"

佛说："将来正觉师如来出世时，他才得人身，在佛的教法下出家证罗汉果，在他证果时，也是受到众人的诽谤。以他无因诽谤三藏法师的缘故，生生世世中都会受到很多人的诽谤。"

凡夫如果贪著利养恭敬，见到其他大德受到众生恭敬供养，很容易以嫉妒而诽谤。这样诽谤众望所归的大德，罪过远远超过诽谤一般人的罪业。以这个诽谤会破坏很多人的善根，会中断弘法利生的事业等，罪过极其严重。

名是立身的工具，利是衣食的来源。求得名利很困难，但要破坏却很容易。在要破人名利的时候，想想求者所付出的辛苦，还忍不忍心呢？所以破坏别人的名声，暗中实际上是损坏自己的名声，损害别人的利益，暗中实际是销毁自己的福因。所以，于人于己，都不应该随意诽谤别人买卖的物品。

经商的人，尤其要注意，因为经商和对手竞争，为了击垮对方，往往会诽谤对手的商品，这样会造下很多罪业，最后反过来会毁坏自己的名利。我们谈论商品时，不能没有根据随意诽谤商家的商品，这样也是以恶心坏人名利，心地不厚道，会折自己的福报。

金刚手菩萨问佛：如果有人诽谤阿阇黎，他们会感受何种异熟果？世尊告诉他：金刚手，你不要这样问，天人世间都会恐怖，秘密主我还是对你简略说一下，勇士应当谛听，我说无间地狱等的极为痛苦之处，就是他的生处，而且在地狱中要安住无量劫，所以任何情况下都不应诽谤自己的阿阇黎。

明朝汪会道，天性颖悟，书过目就能背诵，八岁能写文章，但是对老师非常傲慢，稍不如意就背师怒骂。一天他独坐时，忽然打呵欠，口中跃出一鬼说："你本当大魁于天下，因为嗔怒老师，上天削去禄籍，我也从此离去。”说完不见。汪会道再翻以前的书，茫然不识一字。所以正如《水木格言》所说：“不敬上师之人，纵通百论无义，水中枯树百年，不会生出绿叶。”比如善星比丘作佛侍者二十四年，十二部经都能讲，但心不清净对佛轻毁，在他离佛七天之后，就堕为饿鬼。

所以，我们要时常警惕自己的舌头，特别要管好自己的舌头，不能随便乱张嘴。善于使自己的舌头保持沉默的人，人生将会得到很大的好处。

有则改之，无则加勉

语录

凡今天下之论议我者，苟能取以为善，皆是砥砺切磋我也，则在我无非警惕修省进德之地矣。

——《传习录·答周道通书》

【解读】

王阳明认为，现在那些谈论我的不足或者赞美我的，如果是出于善意的，都是鼓励我、勉励我，而在我看来，无非是提醒我在哪些地方需要加倍的修炼。

对于身边亲近的、有善意的人，要认真听取他们的意见，不管是批评还是表扬，做到有则改之，无则加勉。《论语·学而》曾子曰："吾日三省吾身。"宋·朱熹《集注》："曾子以此三者日省其身，有则改之，无则加勉，其自治诚切如此，可谓得为学之本矣。"治学修身是如此，治理国家也是如此。

邹忌身高八尺多，体形容貌美丽。有一天早上，他穿好衣服，戴上帽子，照着镜子，对他的妻子说："我跟城北的徐公谁漂亮？"他的妻子说："您漂亮极了，徐公哪里比得上你呀！"原来城北的徐公，是齐国的美男子。邹忌自己信不过，就又问他的妾说："我跟徐公谁漂亮？"妾说："徐公哪里比得上您呢！"第二天，有位客人从外边来，邹忌跟他坐着聊天，问他道："我和徐公谁漂亮？"客人说："徐公不如你漂亮啊。"又过了一天，徐公来了，邹忌仔细地看他，自己认为不如他漂亮；再照着镜子看自己，更觉得相差太远。晚上躺在床上反复考虑这件事，终于明白了："我的妻子赞美我，是因为偏爱我；妾赞美我，是因为害怕我；客人赞美我，是想要向我求点什么。"

于是，邹忌上朝廷去见威王，说："我确实知道我不如徐公漂亮。可是，我的妻子偏爱我，我的妾怕我，我的客人有事想求我，都说我比徐公漂亮。如今齐国的国土方圆一千多里，城池有一百二十座，王后、王妃和左右的侍从没有不偏爱大王的，朝廷上的臣子没有不害怕大王的，全国的人没有不想求得大王的（恩遇）的：由此看来，您受的蒙蔽一定是非常厉害的。"

威王说："好！"于是就下了一道命令："各级大小官员和老百姓能够当面指责我的过错的，得头等奖赏；书面规劝我的，得二等奖赏；能够在公共场所评论（我的过错）让我听到的，得三等奖赏。"命令刚下达，许多大臣都来进言规劝，官门口和院子里像个闹市；几个月后，偶尔才有人进言规劝；一年以后，有人即使想规劝，也没有什么说的了。

燕国、赵国、韩国、魏国、听说了这件事，都到齐国来朝拜。这就是人们说的"在朝延上征服了别国。"

齐人邹忌劝齐威王纳谏的故事，说明只有虚心听取他人意见，做到纳谏除弊，才能把事情做好。这个故事同时也说明了这样一个道理：一个人在受蒙蔽的情况下，是不可能正确认识自己和客观事物的。作为领导，更要时刻保持清醒的头脑，防止被一些表面现象所迷惑；不要偏听偏信，要广泛听取他人的批评意见，对于奉承话要保持警惕，及时发现和改正自己的缺点错误，不犯或少犯错误。

如果我们不认真听取别人的意见，那又有什么严重后果呢？

周厉王暴虐，百姓纷纷批评指责他。他不仅不改进，反而用强制手段来封堵舆论。召公坚决反对这样做，他说："你这样做是堵住人们的嘴。阻塞老百姓的嘴，好比阻塞河水。河道因堵塞而造成决口，就会伤害很多人。倘使堵住老百姓的口，后果也将如此。因此治水的人疏通河道使它畅通，治民者只能开导他们而让人畅所欲言。所以君王处理政事，让三公九卿以至各级官吏进献讽喻诗，乐师进献民间乐曲，史官进献有借鉴意义的史籍，乐师诵读箴言，盲人吟咏诗篇，有眸子而看不见的盲人诵读讽谏之言，掌管营建事务的百工纷纷进谏，平民则将自己的意见转达给君王，近侍之臣尽规劝之责，君王的同宗都能补其过失，察其是非，乐师和史官以歌曲、史籍加以谆谆教导，元老们再进一步修饰整理，然后由君王斟酌取舍，付诸实施，这样，国家的政事得以实行而不违背道理。老百姓有口，就像大地有高山河流一样，社会的物资财富全靠它出产；又像高原和低地都有平坦肥沃的良田一样，人类的衣食物品全靠它产生。人们用嘴巴发表议论，政事的成败得失就能表露出来。人们以为好的就尽力实行，以为失误的就设法预防，这是增加衣食财富的途径啊。人们心中所想的通过嘴巴表达，他们考虑成熟以后，就自然流露出来，怎么可以堵呢？如果硬是堵住老百姓的嘴，那赞许的人还能有几个呢？"周厉王不听，在这种情况下老百姓再也不敢公开发表言论指斥他。但是过了三年，人们终于把这个暴君放逐到彘地去了。

“防民之口，甚于防川”，周厉王做法不仅没有化解社会矛盾，反而使社会矛盾到达了临界点。这则故事同样告诉我们：要广开言路，多听群众的意见，听不同的意见，只有这样，才能有利于促进我们学习、工作、事业的顺利健康发展。

“傲”字是悬在头上的一把刀

语录

士傲命蹇焉。

——《官讳经》

【解读】

王阳明认为，士人如果恃才傲物，则命运多舛。

王阳明强调，“傲”字是悬在头上的一把刀，尤其是“卑者勿傲”，也就是说地位低下的人更不要有傲气，心高气傲不仅不能改变你的现状，只能让那些权贵之人更加疏远自己。曾国藩在家书中曾经提到，凶德致败者约有二端，其中排在第一位的是长傲。伤害一个人其实非常简单，一个轻视的眼神，一个不中听的字眼，就好了。《三国演义》中的“许攸之死”和“杨修之死”就是很好的例子。

许攸原是袁绍的谋士，也算个人才，可袁绍言不听、计不从，他一气之下投奔了曹营。曹操正准备睡觉，听说许攸来投，顾不得穿鞋，光着脚就跑出去迎接。在许攸的献计下，曹军乌巢劫粮，动摇袁军；后又水淹冀州，攻破袁绍老窝。应该说，在曹操灭袁氏家族过程中，许攸立有大功。但是不知道什么原因，他一高兴起来就忘乎所以，一忘乎所以就口无遮拦，到处卖弄自己的功绩，对曹操表现出极端不恭敬，完全忘记了自己是寄人篱下、为人鹰犬的一位谋臣，最后被曹操身边近臣许褚所杀。同样的，杨修才华横溢，但也喜欢卖弄，多次提前猜中曹操的心思，犯了曹操的大忌，被曹操所杀。

当然也有为人异常低调，即使官大也不招摇，也低调做人，他们总是在声名显赫时藏锋敛迹，持盈若亏。萧何就是这样的一个人。萧何作为刘邦的重要谋臣，为刘邦建立西汉王朝立下了汗马功劳，可以说居功至伟。但他在处理与刘邦的关系上非常小心谨慎，为了释君疑，他力辞封邑，并拿出许多家财，拨入国库，移作军需；为了释君疑，他不得已违心做些侵夺民间财物的坏事来自污名节；为了保全自己，他选择在贫苦偏僻的地方购置田地住宅，建造家园不修筑有矮墙的房舍，通过这些举措，最终换来了平安度日。骄傲使人落后，谦虚使人进步。纵观大千世界，凡有真才实学者无一不是虚怀若谷，谦虚谨慎的。现实中，任何领导无不喜欢这样的下属：一边作出贡献让领导满意，一边又谦恭温顺不露出一丁点的骄傲，这样的成功者才不会惹来麻烦。

进退都是修炼的好机会

语录

一起一伏，一进一退，自是功夫节次。

——《传习录·黄修易录》

【解读】

王阳明认为，一起一伏，一进一退，是做功夫过程中不可少的部分。

人生际遇有进有退，如同海上波浪一样，有起就必有伏。对于“进”我们不用做过多说明，谁都喜欢一帆风顺。这里我们更多是要谈论挫折和逆境。挫折其实也是磨练自己品格的好时机。邓小平“三落三起”的政治人生就是一个很好的明证。

邓小平第一次“落起”是在30年代初期中央苏区时，由于以博古为代表的中央临时政府推行“左”倾冒险主义，邓小平、毛泽潭、谢唯俊等人则坚决支持以毛泽东为代表的正确路线，反对他们的“城市中心论”。为此，邓小平遭批斗，并一度被关进监狱，他的会昌中心县委书记和江西省委宣传部长的职务也被撤销，并受到党内最严重警告处分。这一年邓小平只有29岁。直到1935年遵义会议，这次“落起”才画上句号。第二次“落起”，是在“文化大革命”期间。在“文革”初期，邓小平作为“刘邓资产阶级司令部”的第二号“走资派”被打倒，全家受到株连，被下放到江西新建县拖拉机修造厂劳动改造。这是邓小平一生中感到最痛苦的时期。1971年“九一三”事件发生后，邓小平两次给毛泽东写信，要求出来工作。毛主席在信上作了肯定的批示，1973年邓小平的国务院副总理职务得以恢复。1975年初邓小平又被任命为中共中央副主席、国务院第一副总理、中央军委副主席兼总参谋长，并主持党、政、军的日常工作。第三次“落起”是在1976年至1977年。邓小平因全面整顿“文化大革命”的错误，违背了以阶级斗争为纲。“四人帮”发动了“批邓、反击右倾翻案风”运动，邓小平再次被打倒。直到1977年7月党的十届三中全会前夕才获得第三次解放。

对一般人而言，能够经受起“一起一落”考验就非常不错了，更何况要经受起“三起三落”，但邓小平做到了。曾经有人问他怎么度过最艰难的日子，他总是两个字——“忍耐”。毛主席也问他这些年是怎么过来的，他也只说了两个字："等待"。忍耐和等待，多么朴实的语言，但很能说明邓小平对待逆境的态度，要有信念，战胜自己就是胜利。现实生活中，不如意的事十之八九，如不能处之泰然，就很容易引起心理上的不平衡，并进一步导致身体上和精神上的疾病。因此，我们必须采取有力的措施，及时疏导自己的愤怒情绪，必要时应做出适当的让步；或者暂时回避相关事情，等情绪稳定后再重新面对，这也许是一种不错的办法。

忍别人所不能忍必是大勇者

语录

凡人言语正到快意时，便截然能忍默得；意气正到发扬时，便翕然能收敛得；愤怒嗜欲正到腾沸时，便廓然能消化得：此非天下之大勇者不能也。

——《王文成公全书卷之六（与黄宗贤）》

【解读】

王阳明认为，一个人在说话能说到畅快淋漓的时候突然住口不说，在意气风发的时候能够懂得收敛，在十分愤怒的时候能够控制自己怒火，不发脾气，这没有莫大的勇气、超强的忍耐力是做不到的。

能忍别人所不能忍的，必是大勇者的表现。彭德怀就是这样的人，他被士兵挨揍不当一回事。在江西第二次反“围剿”作战下了命令以后，彭德怀有次外出正遇到有支部队在山坡上休息，传令兵拿着小旗在前面开道喊让让路。有一个战士就是坐着不动，彭德怀当时训斥说，躲开。那个战士上来就嗵嗵打了彭德怀两拳，彭德怀看了一下，没有理会，继续向前走。排长看到打起总指挥来了，于是把那个战士绑上，让彭德怀处理。彭德怀说赶紧放回去。

韩信也是这样的人，他的“胯下之辱”成为了历史佳话。韩信幼年丧父，后来母亲也在贫病交加中死去了。他从小只好读书习武，不会种田、做生意，到了无以为生时，只得到邻里家中混饭吃。一天，韩信遇到一群恶少，其中一个侮辱韩信说：“别看你长得又高又大，好佩刀剑，其实是个胆小鬼。你要是怕死，就从我的胯下钻过去。”韩信牢牢地盯着他看了好久，终于忍了气爬着从他的胯下钻了过去。市井人皆耻笑韩信，认为他胆小如鼠，这就是“胯下之辱”。后来，刘邦在韩信的帮助下终于打败项羽，平定了天下。韩信可谓是一个聪明顾大局的人。如果当时韩信一怒之下杀了那个无赖，吃了官司置身于牢狱之中，还谈什么抱负。

刘邦也是这样的人，他能强有力地控制住自己的情绪。韩信平定齐国后，派使者赶往正被楚军围困的荥阳去见汉王刘邦，带给刘邦一封信，信中说：“齐国人狡诈多变，反复无常，齐国南面的边境与楚国交界，不设立一个暂时代理的王来镇抚局势，一定不能稳定齐国。为了有利于当前局势，希望允许我暂时代理齐王。”刘邦看了韩信的书信，不禁勃然大怒，厉声骂道：“我在这儿被围困，日夜盼着你来帮助我，你却想自立为王！”此时，侍立在刘邦身旁的张良和陈平同时暗中用脚踩刘邦的脚，两人凑近刘邦的耳朵说：“目前汉军处境不利，怎么能禁止韩信称王呢？不如趁机册立他为王，很好的待他，让他自己镇守齐国。不然可能发生变乱。”刘邦立即醒悟过来，急中生智，故意当着韩信使者的面骂道：“大丈夫平定了诸侯，就做真王罢了，何必做个暂时代理的王呢？”于是，刘邦派遣张良前往韩信军中，册立韩信为齐王，征调他的军队攻打楚军。刘邦能够在事发突然的情况下控制自己的情绪，转变自己的态度，从而避免了与韩信发生冲突，使之为自己所用。

朋友，只要能做到“言语正到快意时便截然能忍默得，意气正到发扬时便翕然能收敛得，愤怒嗜欲正到胜沸时便廓然能消化得”，你迟早就会成就一番伟业。

与朋友相处也需要一点艺术

语录

处朋友，务相下则得益，相上则损。

——《传习录·陆澄录》

【解读】

王阳明认为，朋友间交往，务必谦抑自己、抬高对方，可双双获益。如果贬低对方、抬高自己，则双双受损。

孔子说："主忠信，毋友不如己者，过则勿惮改。"孔子提倡不跟不如自己的人交朋友。孔子所谓"不如己"，是指品德、修养不如己，而不是名利、权位、学问不如己。在孔子看来，交友不仅是一种人际活动，也是一种自修方法。他说："与君子游，如入芝兰之室，久而不闻其香，则与之化矣；与小人游，如人鲍鱼之肆，久而不闻其臭，亦与之化矣。"他交友的选择对象侧重于品行方面，老是跟品德、修养胜于自己的交往，就越来愈接近君子了；老是跟品德、修养不如自己的交往，就越来愈接近小人了。

孟子说："不挟长，不挟贵，不挟兄弟而友。友也者，友其德也，不可以有挟也。"孟子认为，应该平等交友，不能自持年龄大、学问多、职务高，不能自恃身份尊贵，不能自恃背景深厚，而成为纯粹的朋友。交朋友是跟他的品德相融，不能有所依恃。

荀子说："故非我而当着，吾师也；是我而当者，吾友也；谄谀我者，吾贼也。故君子隆师而亲友，以致恶其贼。"荀子认为，能够很恰当地指出我的错误的人，能够帮助我改正缺点、完善人格、避免失误，可以做我的老师。能够很恰当地肯定我的优点的人，能够鼓舞我的信心，坚定我的志向，促进我的事业，可以做我的朋友。我好他说好，我不好他也叫好，一味地讨我的欢心的人，将使我对是非失去判断力，对危机缺乏警觉性，将让我变得自以为是、浮躁浅薄，对我有害无益，是偷盗我的品格，诈骗我的智慧，抢劫我的事业的人，所以是我的仇人。作为一个聪明人，当然应该亲近能够做自己老师、朋友的人，而回避跟仇人保持亲密关系。

王阳明认为：跟朋友打交道，互相谦抑自己、抬高对方，就能双双获益；互相贬低对方、抬高自己，就会双双受损。如何跟朋友"相下"而不

"相上"呢？要点有三：一是要多向别人介绍朋友的长处；二是要正视双方的优点和缺点；三是切勿在小事上处处争胜。

我们一直讲，交友要用诚心。要以道交友，追求共同的人生目标，就可结伴而行，相互扶助。以礼交友，对任何人都要保持尊重、注意礼仪。对人轻率不恭，别人根本不愿走近，更谈不上成为真心朋友。我们应该有这样的理念：每个人都有可尊敬之处。不了解一个人而轻视他，是狂妄自负；了解一个人而轻视他，是愚昧无知。要以诚交友、以义交友、以信交友，更要以智交友。这不是说要用狡猾的手段骗取信任，而是要聪明地了解别人的个性，适应别人的个性。这样就能避免矛盾，保持友好的关系。我们与人相交，最好顺而不逆，人家比较小气，何必要求他慷慨呢？人家性子比较急，何必顶撞他呢？人家沉默寡言，何必逼他开口呢？一个懂得顺应他人个性的人，他在人群中必然如鱼得水，关系顺畅。

逆境最能锻炼人

语录

往年区区谪官贵州，横逆之加，无月无有。迄今思之，最是动心忍性砥砺切磋之地。

——《静心录之一·文录一》

【解读】

王阳明认为，以前我被贬到贵州那个偏远的地方，横暴无理的事情经常遇到。但现在想来，那也是最能磨练我意志和心性的地方。

易曰："天行健，君子当自强不息"。两千年前，孟子对逆境便有一番彪炳千秋的大论："故天将降大任于斯人也，必先苦其心志，劳其筋骨，饿其体肤，空乏其身，行拂乱其所为，所以动心忍性，曾益其所不能。"

我们每个人都想在人生的道路上一帆风顺，但事实上几乎不可能，不顺反而是人之常情。那么，对逆境我们应该持有怎样的态度？

曾国藩在家书中这样说："古人患难忧虞之际，正是德业长进之时。圣贤之所以为圣，佛家之所以成佛，所争皆在大难磨折之日。将此心放得宽，养得灵，有活泼泼之胸襟，有坦荡荡之意境，则身体虽有外感，必不在于内伤。"逆境是双刃剑，其实并不可怕。如果处理好了，不顺的事反而变成好事。一个人经过艰难困厄、患难忧虑的磨练，意志变得更加坚强，才能得到全面提升。"百里奚举于市"就是这样的一个典故：

百里奚，亦称百里子或百里，字里，名奚。春秋时楚国宛（今河南南阳）人，秦穆公时贤臣，著名的政治家。秦穆公五年（前655年），晋国借道于虞以伐虢国，大夫宫之奇以"唇亡齿寒"劝谏虞君，虞君因曾经接受晋献公的宝玉"垂棘之璧"与名马"屈产之乘"而答应了晋国。作为虞国大夫百里奚深知虞君昏庸无能，很难纳谏，便缄默不语。结果晋在灭虢之后，返回时就灭了虞国，虞君及百里奚被俘。后来，晋献公把女儿嫁给秦穆公，百里奚被当作陪嫁小臣送到了秦国。他以此为耻，便从秦国逃到宛（今河南南阳），被楚国边境的人抓获。秦穆公听说百里奚贤智，想用高价赎回他，又怕楚人不许，就派人对楚国人说："吾媵臣百里奚在焉，请以五羖羊皮赎之。"楚国人同意将百里奚交还秦国。百里奚回到秦国，秦穆公十分赏识他，授以国政，号称：“五羖大夫”，这时他已是70多岁的高龄。其实，百里奚早年贫穷困乏，流落不仕，在被晋国俘虏前，曾游历齐、周、虞、虢等国，这段经历让他对各国的民俗风情、地理形势、山川险阻知之甚悉，为他后来给秦穆公筹划东进准备了必要条件。百里奚早年颠沛流离的生活和坎坷的经历，使他尝尽了艰苦生活的滋味，也亲眼目睹了下层人民的悲惨处境，对他后来任秦国大夫时，为官清正，树立以民为贵的思想都有着积极的影响。

中国共产党的二万五千里长征，也是一番艰苦卓绝的磨难，从最初的近二十万人，到达陕北后只剩下了不足两万人。而这段经历过生死洗礼的两万人重新不断壮大，反而缔造了共和国。

成败是成功之母，逆境成就人才。逆来顺受，尤其是一无所有的境地，最能锻炼人的忍耐力。面对逆境，我们要做到以下两点：一是要保持旺盛的斗志，身体不能被摧垮，否则就有可能一蹶不振；二是要善于总结经验教训，在逆境中加强学习，加强磨练，并不断寻找机会，以图东山再起。

宽容不仅仅是一种心胸

语录

及至吾身与至亲，更不得分别彼此厚薄。盖以仁民爱物，皆从此出，此处可忍，更无所不忍矣。

——《传习录·黄省曾录》

【解读】

王阳明认为，对自己和亲人之间的爱，更不应该分彼此薄厚。如果以对自己和亲人之间的仁爱宽容心去对待世间万物，这里可以忍让，就没有别的不可以忍让的地方了。

以仁爱宽容之心去对待别人，是一种美德，更是一种交际的手段。有人曾这样问孔子；“你说如果有个人得罪了我，而我不但不记仇反而对他非常好，期望能感化他，怎么样？”孔子回答道；“如果那个人德行很好，他对你也很好，那么滴水之恩当涌泉相报。但是如果那个人的德行很糟糕，而且他做了对不起你的事，你用坦荡的胸怀对待他就可以了。”我们每个人处于社会中，都免不了要与他人打交道，有时难免会面对别人的为难与挑衅，这时就应该宽厚容人，不过于苛求他人。以“海纳百川”对待他人，善于容人之过，这样你的周围才会充满知心的朋友和支持者。

宽能容众，古之成大事者无不是胸襟广阔，能够容众者。十六国时后赵的创建者石勒是这样的人。他起事时能宽容众人而得众助，成事后对昔日仇敌也宽容相待。有一次他回到故乡与父老饮酒，没见到曾与他争夺麻田而互相攻击的李阳，便问：“李阳，是一名壮士，今天为什么没有来？”派人去叫，后来二人相处得非常融洽，石勒还任李阳为参军都尉。

能宽恕者得人报，给自己多开了一条生路。秦穆公宽恕食其马肉的农民而得到他们拼死相救，传为千古美谈。秦穆公在外出时走失了他的骏马，他亲自前去寻找它。发现有人已经把它杀死了，正在一起吃马肉。秦穆公对他们说：“这是我的骏马啊！”那些人都吓得站了起来。秦穆公却说：“我听说吃骏马的肉不饮酒的人会丧命。”马上依次赏给他们酒喝。杀马的人都感到羞愧而离去。后来，晋秦两国打仗，秦穆公被晋军包围，即将被俘虏。正在这危急时刻，一支生力军冲出把秦穆公救了出来，使秦军反败为胜，俘虏了晋惠公。原来这支生力军就是当年吃马肉的农民。秦穆公的善举最终获得了好的回报。

宽容能换来生活的安定。曾有一对夫妻，生活十分幸福，后来两人双双下岗，两人心里都觉得不舒服。一天，妻子扫地时，不小心把桌上丈夫最喜欢的茶具碰到地上，摔碎了。丈夫脸就拉了下来，十分生气地批评妻子。妻子也正在气头上，两人对吵了起来，最后发展到比着砸东西，弄得满屋狼藉。若当时丈夫宽容一下，压压心中火气，也不至于吵起来。由此可见，宽容，才是化解矛盾的灵丹妙药。珍宝有价，亲情无价，退一步，海阔天空。

宽容会给自己添一个得力助手。在林肯竞选总统时，一位竞争对手向他大肆辱骂，林肯没有生气，反而邀他周日去饭店吃饭。酒无好酒，宴无好宴。那位竞争对手怀揣手枪，准时赴约。谁知迎接他的不是手枪，而是一张和善的面孔和一瓶甘醇的葡萄酒。林肯与他促膝长谈一下午，林肯的胸怀让那位对手折服。后来，他成了林肯最忠实的朋友之一。为了几张选票，失去一个朋友，显然是丢了西瓜捡了芝麻的赔本买卖。荣誉是暂时的，朋友是终生的，何必因几句话就与朋友闹翻呢？宽容一下，友情才是更重要的。所以说，容人之过、释人之嫌不仅仅是一种为人的度量，也是一种谋略。留点宽容，让自己的人生之路越走越宽，越走越光明！

我们为什么要与人为善

语录

意在于仁民爱物，即仁民爱物便是一物。

——《传习录·黄省曾录》

【解读】

王阳明认为，人本有仁爱之心，将天地万物看为一体，这就是仁心善性的表现。

人本有仁爱之心，这是我们要不要与人为善最根本的原因。但是，近年来发生的一些事情，却一直在拷问着我们的良心。

广东佛山南海黄岐的广佛五金城里，2 岁女童悦悦在过马路时不慎被一辆面包车撞倒并两度碾压，随后肇事车辆逃逸，然而噩梦再一次降临，随后开来的另一辆车辆竟然直接从已经被碾压过的女童身上再次开了过去！悦悦躺在那里痛苦挣扎，在随后的 7 分钟时间里，先后路过的十余人离悦悦仅 1 米之隔全都当做没看见，甚至连个打电话报警的人都没有，这些人的良心到底哪去了？社会公德真的已经沦落到如此可恨可怜的地步了吗？最恨第一个路人，其次是带着小孩那位阿姨。真想打他一顿。监控录像里的他还拐弯过去的。最后，一位拾荒的阿婆把在死亡边缘挣扎的悦悦救起，但当时的悦悦已经像一个提线木偶般瘫作一团！相信所有看过 2 岁女童小悦悦被碾压视频的网友，都会忍不住心痛！这是多么惨烈的一幕又是多么痛心的一幕！人性！良心！如此泯灭堕落到极致？让我们怎么再相信世间还有真爱！天天喊着“雷锋精神永不倒”，现在看来真的是这样吗？那些在小悦悦被车碾压后的整整 7 分多长时间内经过漠视的路人们？你们心里到底是怎么想的？你们的良心被狗吃了吗？我们常说“救人一命胜造七级浮屠”，你们到底在害怕什么？害怕被诬陷是吗？害怕做好事被讹是吗？没关系，您就算有千般顾虑不想去“碰”已经瘫软的小悦悦，打个 110、120 求助电话应该没什么难度吧？怎么你们就能如此忍心呢？当越来越多的“彭宇案”发生，当好心救人反被诬陷的事件屡屡上演，我们又该怎么面对？

回答是肯定的，与人为善是中华民族的传统美德。《孟子·公孙丑上》这样写道：“取诸人以为善，是与人为善者也。故君子莫大乎与人为善。”其本意为君子最高的德行就是要善于汲取别人的长处，与他人一道行善。这句话后经引申和发展，多指要以善良的态度对待和帮助别人。听起来清浅平常的几个字，被哲人植入中华民族的魂魄里后，历经几千年的传承和孕育，生根发芽，开花结果，时至今日已成为人们心中一株根深叶茂、华盖亭亭的道德巨树。事实上，与人为善是我们的灵魂所固有的一种感情，它源于人的本性。“人之初，性本善”是《三字经》的开篇语，但是后来为什么许多人变得狠心的呢？那是在人生的教化过程中，他原有的品德不仅没有保存，反而被不良诱惑挤满了，不再有善的踪迹，无法发出应有的光彩。与人为善是一种爱心的体现，也是一种人生智慧，但是它常常放射出比智慧更诱人的光泽。有许多用智慧千方百计也得不到的东西，凭着与人为善却轻而易举就得到了。与人为善总是一种蕴藏在人内心深处的珍贵的感情，它是对人生的一种理解，对行为的一种负责。只要你能真正付出你的真诚和善良，那么必定会赢得共鸣，使你从中感受一份温馨和意想不到的收获。

那么，怎样才算是与人为善呢？其实并不难，只要拥有以下三种心态，每个人就都可以成为“施人玫瑰”的天使。一要宽容大度，遇事多设身处地为他人着想，不要为一点小事耿耿于怀，不要为一句冒犯的话语而心生怨气，更不要为暂时的误解影响自己的心态，坦荡无戚，光明磊落。二要真诚旷达。见到别人的成绩和进步，不要心生妒意，挑剔诋毁，而要真诚地给予欣赏和赞美，并见贤思齐，虚心向人学习，取人之长，补己之短；见到别人的缺点和错误，不要隔岸观火，幸灾乐祸，更不能乘人之危，落井下石，添油加醋，恶意攻击，要以善意的态度，真心实意地给予帮助，使其克服缺点，改正错误，与人共同进步。三要乐善好施。当别人遇到烦恼和不顺心的事时，善意劝慰，释人之惑，哪怕仅是一句暖心的话语或一个鼓励的眼神；当别人身处险境时，挺身而出，仗义相救，哪怕只是一根救命的稻草，或是一只给人生之希望的手；当别人生活遭遇不幸时，雪中送炭，解囊相助，哪怕只是一点残羹半块馒头。如此，便是与人为善了。

与人为善是和谐人际关系的灵丹妙药，生活在这个世界上，每个人都可能是给予者同时也是接受者。如果在生活中，人人都能多一份尊重和信任，少一点轻蔑与猜忌；多一份支持和帮助，少一点排斥与拆台；多一份理解和宽容，少一点挑剔与苛求；多一份坦诚与关心，少一点掩饰与冷漠。一句话，事事处处与人为善，那么邻里之间、同事之间、陌生的人与人之间的关系必将团结融洽，一派祥和。大家心往一处想，劲往一处使，何愁不会出现事业兴旺发达、社会和谐稳定的大好局面呢？

与人为善要发自内心

语录

然爱之本体固可谓之仁，但亦有爱得是与不是者，须爱得是方是爱之本体，方可谓之仁。

——《静心录之二·文录二》

【解读】

王阳明认为，爱的本体固然叫做仁，但是只有从爱的本原出发而表现出来的爱，才可以称之为仁。

与人为善并不是为了得到回报，而是为了让自己活得更快乐。 与人为善其实极易做到，它并不要你刻意做作，只要有一颗平常心就行了。 你在工作和生活中，无非是想丰富你的生活，实现你的价值。 而这所有的一切，归根结底，都来自于你是否善待他人。 与人为善使你有一种充实感，你知道没有很多人会故意和你过不去。 与人为善不仅给你财富，还使你拥有被他人喜爱的充实感。

下面是《北京日报》的一则报道，它清楚向我们展示这些院士们的高风亮节和优秀品德。

抱着捐助的物品，面前一群记者围着，快门儿声不绝于耳……不少人捐助社会献爱心，却要报纸上有字、电台上有声、电视上有影。 但在中关村，一些老院士扶贫济困、捐款捐物十多年，却始终不肯留下自己的一姓一名。 中关村街道居住着121位院士，多年来，每逢街道搞募捐活动，不少院士都积极响应。 几天前，技术科学部郑哲敏院士的老伴儿卢凤才在楼下遛弯儿，看到黄庄居委会工作人员高国平正在出黑板报。 闲聊中，卢凤才得知海淀区正开展扶贫济困送温暖活动，第二天，卢凤才就代表郑哲敏院士和自己将1000元送到居委会。 她说，当年国家出钱送她和老伴儿出国留学，现在政府有号召，他们夫妻应该响应。

办事处的工作人员说，院士中像郑哲敏院士夫妇这样热心公益事业的不在少数。 科源社区居委会工作人员郭华则回忆，这些院士捐助社会少说也有10年了，捐款的数字累积起来是笔巨款。 按照相关规定，捐款2000元以上的募捐者，居委会要在社区内公示。 但昨天，记者翻遍了办事处各种捐助记录，却没有找到这些院士的名字。 中关村街道民政科的傅彩丽说，这些院士生活都很节俭，但捐助社会从来都非常热心积极，不少人不愿出面，常常让自家的保姆代捐，所以根本没有办法查清楚到底有多少院士每年捐助社会。

傅彩丽还讲了这样一件事：今年4月，见义勇为募捐活动结束，街道刚按照规定公示名单，一个老院士就找上门来，非要把自己的名字拿下来，工作人员做半天工作，最后才同意把夫人的名字写上去，把自己的名字换下来。

在所有的记录中，我们查到化学所的朱起鹤院士。他是我国分子反应动力学科的带头人，平时生活相当俭朴，但年年捐款都少不了他的身影，而且每次都是千元以上。去年，朱老为内蒙古灾区捐款2000元。今年10月，听说为贫困地区群众募捐，又当即拿出5000元送到工作人员手中，而且说什么也不愿留下自己的名字。最后，由于工作人员要按规定给他开发票，朱老才答应写上老伴儿的名字。

科春社区居委会的人员告诉我们，院士们热心公益，没有一个人图名图利。有一次，何祚庥院士和夫人庆承瑞捐了几十件衣物，他们从7层楼搬了两趟才搬完。看到面前崭新的毛衣、西服，再看看院士们身上朴素的穿着，大家打心眼儿里佩服这些德高望重的老院士们，他们为社会树起了一座道德丰碑。

当然，我们也知道，以捐助为名，行炒作自己之实，这样的事现在太多了。给低保户捐助一桶油，要请记者；给贫困学生捐助书包文具，记者不来，活动不开始……变了味儿的捐助已经给纯洁高尚的扶贫济困美德蒙上了一层阴影。竟然还有一家医药公司承诺捐助中国红十字会，协议生效三年多，500万元捐款一分没给。想想也是，人民大会堂的仪式早已经结束了，“慈善大使”当上了，红十字勋章也戴上了，最最重要的是，报纸、电台、电视台的报道也已经铺天盖地宣传过了，一句话，目的既然达到了，说过的话不算数就不算数了。幸运的是，还有法律主持公道。

毋庸讳言，人做事都是有目的的，院士们也不例外。院士们捐助给予，是希望能给贫者以温暖，给弱者以扶持。怀着这样的目的，自然就不会去计较个人得失。如果怀着商人心态，捐助尽管披上了“献爱心”的花衣服，但实际已成了一种投入，而投入自然就要牟利，至少不能亏本。丰碑无言，两者相较，做人的境界之高低就不言而喻了。

大爱无私，做善事并不是为了引起别人的关注，善待社会、善待他人，也不是一件复杂、困难的事，只要心中常怀善念，生活中的小小善行，不过是举手之劳，却能给予别人很大帮助，我们何乐而不为呢？

勿以恶小而为之，勿以善小而不为

语录

善念发而知之，而充之；恶念发而知之，而遏之。

——《传习录·陆澄录》

【解读】

王阳明认为，一旦有了善的念头和机会，要赶紧去做；而一旦受外物干扰而动了恶的念头，要及时制止。

善、恶为不为，受所处环境和心境的影响很大，受个人道德和修养规范的影响很大。唐代诗人白居易喜欢佛法，有一次，他听说鸟巢禅师的修行相当高，于是专程向鸟巢禅师的住处去请教。白居易问鸟巢禅师："佛法的大意是什么？"鸟巢禅师答："诸恶莫作，众善奉行。"白居易鼻孔里哼了一声，说："这个，三岁的小孩也知道这样说。"鸟巢禅师说："虽然三岁的小孩也说得出，但未必八十的老翁能够做到。"

不错，三岁小孩都知道的道理，但未必大人都能做到。《三字经》里面开篇就说："人之初，性本善"，说的是人生下来就拥有善良的本性；但接着后一句"性相近，习相远"，说的是人的秉性生下来都一样，但后面的教化使彼此不同。善良的本性需要着力培植。

"勿以善小而不为，勿以恶小而为之"，这是刘备去世前给其子刘禅的遗诏中的话，原句为："莫以恶小而为之，莫以善小而不为。唯贤唯德，能服于人。"目的是劝勉他要进德修业，有所作为。好事要从小事做起，积小成大，也可成大事；坏事也要从小事开始防范，否则积少成多，也会坏了大事。所以，不要因为好事小而不做，更不能因为不好的事小而去做。小善积多了就成为利天下的大善，而小恶积多了则"足以乱国家"。

勿以恶小而为之。一位长期从事司法工作的前辈讲过：犯罪从违法开始，违法从违纪开始，违纪从不良行为习惯开始。一个人犯错误，往往是从并不起眼的小事开始的。俗话说"小时偷针，大了偷金"、"千里之堤，溃于蚁穴"，讲的也就是这个道理。坏事虽小，但它能腐蚀一个人的灵魂，日积月累，就会从量变导致质变，最后跌进犯罪的深渊，成为可耻的罪人。因此，对于一些平时不注意自己的道德修养或者坏习气，千万不要认为这些是区区小事，如果我们置若罔闻，不能认识到问题的严重性，不防微杜渐加以改正，依然我行我素的话，后果将是不堪设想的，就可能会走向违法犯罪，最终受到法律的制裁，那时再痛心疾首可就悔之晚矣。

勿以善小而不为。一滴水可以折射太阳的光辉，一件小事可以看出一个人素质的高低。小事是大事的基础，大事是小事的积累。一次随手关灯，一句礼貌用语，一次让座，一个微笑，都是对公共利益的贡献。小小的善举，举手之劳，并不需要我们付出很多，却能换来和谐和友谊。为社会做点事，为他人做点事，为自己做点事，美好的生活就在你我的点点滴滴中创造，在大家持之以恒中延伸了。

小与大是相对的，但善与恶却是绝对的，再小的善也是善，再小的恶也是恶。让我们牢记“勿以善小而不为，勿以恶小而为之”这两句话，从小事做起，从点滴做起，我们的世界也将变得更加美好。

善有善报，恶有恶报

语录

性之本体原是无善无恶的，发用上也原是可以为善、可以为不善的，其流弊也原是一定善一定恶的。

——《传习录·黄省曾录》

【解读】

王阳明认为，心本原无善无恶，其出发点可以为善、可以为不善，但其结果要么是善的、要么是恶的。

孟子曰："出乎尔者，反乎尔者也"，这都是因果报应的观念。古今中外，一切事情都逃不开这个因果律。因果，最简单的解释，就是"种什么因，得什么果"，这是自然界的普遍法则，世界上没有任何一种结果不是从它的原因生成，正所谓"种瓜得瓜，种豆得豆"，我们种了什么种子，自然结出什么果子。善得善果，恶得恶果。有时给予别人的，不见得有直接的回报，但最终也会循环到自己身上。如果每个人在爱护自己的同时，也去关爱别人，那么最终自己也能得到更好的爱护。

一个穷苦学生，为了付学费，挨家挨户地推销货品。到了晚上，发现自己的肚子很饿，而口袋里只剩下一个小钱。然而当一位年轻貌美的女孩子打开门时，他却失去了勇气。他没敢讨饭，却只要求一杯水喝。女孩看出来他饥饿的样子，于是给他端出一大杯鲜奶来。

他不慌不忙地将它喝下，而且问道："应付多少钱？"

而她的答复却是："你不用付我一分钱。母亲告诉我们，不要为善事要求回报。"

于是他说："那么我只有由衷地谢谢了！"

当郝武德·凯礼离开时，不但觉得自己的身体强壮了不少，而且对天主与对人的信心也增强了起来。他原来已经陷入绝境，准备放弃一切的。

数年后，那个年轻女孩病情危急。当地医生都已束手无策。家人终于将她送进大都市，以便请专家来检查她罕见的病情。他们请到了郝武德·凯礼医生来诊断。当他听说，病人是某某城的人时，他的眼中充满了奇特的光辉。他立刻穿上医生服装，走向医院大厅，进了她的病房。

医生一眼就认出了她。他立刻回到诊断室，并且下定决心要尽最大的努力来挽救她的性命。

从那天起，他特别观察她的病情。经过一次漫长的奋斗之后，终于让她起死回生，战胜了病魔。最后，批价室将出院的账单送到医生手中，请他签字。医生看了账单一眼，然后在账单边缘上写了几个字，就将账单转送到她的病房里。

她不敢打开账单，因为她确定，需要她一辈子才能还清这笔医药费。但最后她还是打开看了，而且账单边缘上的一些东西，特别引起她的注目。她看到了这么一句话："一杯鲜奶已足以付清全部的医药费！"签署人：郝武德·凯礼。

古语常讲"吃亏是福"，这是真的，一点不假。吃亏的反面是占便宜，占便宜就是祸，我们果然明了占便宜是祸害，就决定不会有占人家便宜的念头。修行要从自己本身做起，第一要学"能吃亏，肯上当"，虽然吃亏上当，绝不糊涂，那是真实智慧与德行。人一点亏也不肯吃，一点不如意都不能忍，他还会有什么成就。放弃自私自利，不怕吃亏，不怕上当，别人不尊敬他，他能尊敬别人，别人不肯帮助他，他能帮助别人，甚至于帮助伤害过他的人，这样的人将来一定会有大成就。

下面，我们再来看看三则恶有恶报的故事吧。

有只驴子驮着盐过河。它的脚一滑，跌倒在河里，盐在水中溶化了一些。它站起来时顿感轻松了许多，心里非常高兴。后来有一天，它驮着海绵过河，心想：再跌倒下去，站起来时定会更轻松。于是，它故意摔了下去，没想到海绵吸水加重了，驴子再也站不起来了，淹死在河里。聪明反被聪明误。

有个人饲养着山羊和驴子，他总是给驴子喂充足的饲料。嫉妒心很重的山羊想出一个坏主意，便对驴子说："你一会儿要推磨，一会儿又要驮沉重的货物，十分辛苦，不如装病，摔倒在地上，便可以得到休息了。"驴子听从了山羊的建议，摔得遍体鳞伤。主人请来医生，为它治疗。医生说："要将山羊的心肺熬汤作药给它喝，才可以治好。"于是，主人马上杀掉山羊去为驴子治病。策划作恶的人，将自食其果。

捕鸟人拿着粘鸟胶与粘竿外出捕鸟。他看到一只鸟栖息在一棵大树上，就想去捕捉它。于是，他接长粘竿，仰着头全神贯注地盯着高处的那只鸟。正当他这样聚精会神时，不知不觉踩到一条躺在地上的眼镜蛇。蛇马上回过头来狠咬了他一口。他中了蛇毒，临死前自言自语地说："我真倒霉，光想去捉别人，不料自己反倒丢了性命。”那些阴谋陷害别人的人，自己会先遇到灾难。

所以，我们一念之善救人救己，当然也可能一念之差毁人毁己，人生就是如此。一个人在其漫长的一生中所走的每一步，都已为明天埋下了伏笔。我们自己所种下的因，遇到适合的条件就会产生一个结果。因果自有定，为而无为，所得与所想，虽常不一致，但皆由人自己制造。要相信：善有善报，恶有恶报，不是不报，时候未到，时候一到，一定会报。

大智若愚才能减少危险

语录

智深险少矣。

——《官讳经》

【解读】

王阳明认为，智谋越深，危险就越少。

孔子曾说过，真正的智者表现为“刚、毅、木、讷，近于仁”形态，老子也说过他们都是大智若愚的模样。

《庄子·达生篇》中有一个“呆若木鸡”的寓言故事，内容是：因为周宣王爱好斗鸡，一个叫纪渻子的人，就专门为周宣王训练斗鸡。过了十天，周宣王问纪渻子是否训练好了，纪渻子回答说，“没有，这只鸡表面看起来气势汹汹的，其实没有什么底气。”又过了十天，周宣王再次询问，纪渻子说，“不行，它一看到别的鸡的影子，马上就紧张起来，说明还有好斗的心理。”又过了10天，周宣王忍耐不住，再次去问，纪渻子回答说，“还不行，这只鸡还有些目光炯炯，气势未消。”这样又过10天，纪渻子终于说，“差不多了，它已经有些呆头呆脑、不动声色，看上去就像木头鸡一样。”宣王就把这只鸡放进斗鸡场。别的鸡一看到这只“呆若木鸡”的斗鸡，掉头就逃。“呆若木鸡”不是真呆，只是看着呆，实际上却有很强的战斗力，貌似木头的斗鸡根本不必出击，就令其他的斗鸡望风而逃。可见，斗鸡的最高境界是“呆若木鸡”。庄子这则寓言很有趣，同时也表达了深刻的哲理，真正有大智慧的人表现出来的也许是愚钝，真正有高超技巧的人看起来却有些笨拙，真正勇敢的人往往被别人误解为胆怯。但是，如果真正处于非常境况时，这些人往往能够表现出非同寻常的能力。

装糊涂的表面是一种假糊涂，内心里却是一颗真聪明的心。为什么要装糊涂？有时候是情况所迫，不得已而为之。

富弼是北宋仁宗时一位品行很好的宰相，然而富弼年轻的时候，因能言善辩常常在无意间得罪了不少人，给自己的事业、生活带来了不利影响。

经过长时期的自省，他逐渐变得宽厚谦和。所以，当有人告诉他谁在说他的坏话时，他总是笑着回答：“怎么会呢，他怎么会随便说我呢？”

一次，一个穷秀才想当众羞辱富弼，便在街心拦住他道：“听说你博学多识，我想请教你一个问题。”

富弼知道来者不善，但也不能不理会，只好答应了。

秀才问富弼：“请问，欲正其心必先诚其意，所谓诚意即毋自欺也，是即为是，非即为非。如果有人骂你，你会怎样？”富弼想了想，答道：“我会装作没有听见。”秀才哈哈笑道：“竟然有人说你熟读四书，通晓五经，原来纯属虚妄，富弼才智驽钝，充其量不过是个庸人而已！”说完，大笑而去。

富弼的仆人埋怨主人道：“您真是难以理解，这么简单的问题我都可以回答，怎么您却装作不知呢？”

富弼说道：“此人乃轻狂之士，若与他以理辩论，必会剑拔弩张、面红耳赤，无论谁把谁驳得哑口无言，都是口服心不服。书生心胸狭窄，必会记仇，这是徒劳无益的事，又何必争呢？”

几天后，那秀才在街上又遇见了富弼。富弼主动上前打招呼。秀才不理，扭头而去；走了不远，又回头看着富弼大声讥讽道：“富弼乃一乌龟耳！”

有人告诉富弼那个秀才在骂他。

“是骂别人吧！”

“他指名道姓骂你，怎么会是骂别人呢？”

“天下难道就没有同名同姓之人吗？”

他边说边走，丝毫不理会秀才的辱骂。秀才深感无趣，便走开了。

富弼用行动告诉我们，不论是卑鄙的、恶毒的、残酷的，你千万不要被对方一句不公正的批评或难听的辱骂而变得像对方一样失去理智。获胜的唯一战术，就是装糊涂，不和别人发生正面冲突，就连多余的解释也没必要。如果别人骂你，你大可以把他当成空气，对他置之不理。因为在这种情况下，相互争吵、辱骂既不会给任何一方带来快乐，也不会给任何一方带来胜利，只会带来更大的烦恼、更大的怨恨、更大的伤害。退一步讲，在对骂中没有占上风的一方，当众出丑，带来的只是对自己的怨恨。占了上风的一方，虽然把对方骂得体无完肤，又能怎么样？只能加深对立情绪，加深对方的怨恨。

人生难得糊涂。郑板桥曾经在山东莱州的云峰山观碑时写道：“聪明难，糊涂尤难，由聪明转入糊涂更难。放一著，退一步，当下安心，非图后来福报也”。只有想得开，放得下，朝前看，这样才能从琐事的纠纷中超脱出来。糊涂的人，将智慧深埋于心中，面对过于复杂的世事，简单做人、简单做事，逢人不急，遇事不恼，用难得糊涂的随遇而安，酿造生活的醇厚佳酿。

做人要低姿态，这样才能安身

语录

柔不致败。

——《官讳经》

【解读】

王阳明认为，守柔的人不容易被打败。

柔弱是最可贵的，也是人们应当持守的。老子曾说过：“人之生也柔弱，其死也坚强。草木之生也柔脆，其死也枯槁。故坚强者死之徒，柔弱者生之徒。是以兵强则灭，木强则折。强大处下，柔弱处上。”这就是说，人们守柔的原因，就在于“柔”代表了旺盛的生命力。而之所以要反刚，是因为刚强代表了可怕的死亡力，如果过于刚强，事物就必然会走向灭亡。守柔，不仅利己，还可利人。守柔的实质是指人类要生存、要发展，就要符合事物发展的客观规律，符合事物本身的性质及客观条件。如果一味追求刚强，不按事物发展的客观规律办事，则会导致失败。

做人就是如此，不管任何时候都要保持一个低姿态，这样才能避免灾难性的后果。“盛时当做衰时想，上场当念下场时”，强调的就是用低姿态屏障保护自己。民间有句谚语说“低着头的是稻穗，昂着头的是稗子；低头的稻穗充满了成熟的智慧，而昂头的稗子只是招摇着空白的无知”。大哲学家苏格拉底曾说：“天地只有三尺，高于三尺的人要想长久立于天地之间，就要懂得低头。”

秦始皇陵兵马俑博物馆的“镇馆之宝”是一尊跪射俑。在出土、清理和修复一千多尊各式兵马俑中，只有它保存得最为完整，未经人工修复。为什么唯有它才能保存得最完整呢？专家介绍说，这完全是得益于它自身的“低姿态”，兵马俑坑是地下通道式土木结构建筑，一旦棚顶塌陷，高大的立姿俑自然是首当其冲遭受灭顶之灾，低姿态的跪射俑受到损害的程度大大减小。同时，由于跪射俑呈蹲跪姿，右膝、右足、左足三个支点呈等腰三角形，完全支撑着上体，整个身体重心在下，增加了它的稳固性，与两足站立的立姿俑相比，能避免倾倒、破损，这就是它依然完整地呈现在我们面前的原因。怎样才能做到守柔呢？有以下四点要注意：

一是在姿态上要守柔。谦卑是一种智慧，是为人处世的黄金法则。

懂得谦卑的人，必将得到人们的尊重，受到世人的敬仰。“大智若愚”，重在一个“若”字，“若”设计了巨大的假象与骗局，掩饰了真实的野心、权欲、才华、声望、感情。这种甘为愚钝、甘当弱者的低调做人术，实际上是精于算计的隐蔽，它鼓励人们不求争先、不露真相，让自己明明白白过一生。“道有道法，行有行规”，用平和的心态去对待人事，也是符合客观要求的。主动吃亏，山不转水转。若一个人处处不肯吃亏，则处处必想占便宜，难免会侵害别人的利益，遭他人报复。

二是在心态上要守柔。当你取得成绩时，你要感谢他人、与人分享、为人谦卑，这正好让他人吃下了一颗定心丸。如果习惯了恃才傲物，看不起别人，总有一天你会独吞苦果！恃才傲物是做人的大忌。大度睿智的低调做人，有时比横眉冷对的高高在上更有助于问题的解决。一个懂得谦逊的人是一个真正懂得积蓄力量的人，谦逊能够避免给别人造成太张扬的印象，这样的印象恰好能够使一个员工在生活、工作中不断积累经验与能力，最后达到成功。

三是在行为上要守柔。过分的张扬自己，就会经受更多的风吹雨打，暴露在外的椽子自然要先腐烂。如果不合时宜地过分张扬、卖弄，那么不管多么优秀，都难免会遭到明枪暗箭的打击和攻击。所以在处于被动境地时一定要学会藏锋敛迹、装憨卖乖，千万不要把自己变成对方射击的靶子。不可一世的年羹尧，因为在做人上的无知而落得个可悲的下场，所以，才大而不气粗，居功而不自傲，才是做人的根本。

四是在言辞上要守柔。不要以为你很熟悉对方，就随意取笑对方的缺点，揭人伤疤。那样就会伤及对方的人格、尊严，违背开玩笑的初衷。面对别人的赞许恭贺，应谦和有礼、虚心，这样才能显示出自己的君子风度，淡化别人对你的嫉妒心理，维持和谐良好的人际关系。讲话要有分寸，不要伤害他人。礼让不是人际关系上的怯懦，而是把无谓的攻击降到零。得意时要少说话，而且态度要更加谦卑，这样才会赢得朋友们的尊敬。

让诽谤和侮辱见鬼去吧

语录

人若著实用功，随人毁谤，随人欺慢，处处得益，处处是进德之资。若不用功，只是魔也，终被累倒。

——《传习录·黄修易录》

【解读】

王阳明认为，人若实实在在地用功，不论别人如何诽谤和侮辱，依然会处处受益，处处都能培养品性。若不用功，别人的诽谤和侮辱就会有如魔鬼，最终会被它累垮。

有人问王阳明：“《论语》中记载叔孙武叔诽谤孔子，为什么圣人孔子也避免不了被别人诽谤呢？”

王阳明回答到：“诽谤是从外面来的东西，虽然圣人也避免不了。人贵在自我修养，假如自己确确实实是个圣贤之人，纵然别人都来诽谤他，也不会对他有任何损害，就好比浮云遮蔽太阳，它怎么可能对太阳的光明有所损害呢？假如一个人表面上端庄，内心却是丑恶的人，即使没有一个人说他，但他的丑恶总有一天会暴露出来的。所以孟子说：‘有求全之毁，有不虞之誉’。诽谤、赞誉是外来的，怎么能避免呢？只要加强自我修养，外来的毁誉又算得了什么呢？”

《庄子·齐物论》中有这样几句话：“夫大道不称，大辩不言，大仁不仁，大廉不谦，大勇不忮。道昭而不道，言辩而不及，仁常而不成，廉清而不信，勇忮而不成。”意思就是至高无上的真理是不必称扬，最了不起的辩说是不必言说，最具仁爱的人是不必向人表示仁爱，最廉洁方正的人是不必表示谦让，最勇敢的人是从不伤害他人。真理完全表露于外那就不算是真理，逞言善辩总有表达不到的地方，仁爱之心经常流露反而成就不了仁爱，廉洁到清白的极点反而不太真实，勇敢到随处伤人也就不能成为真正勇敢的人。所以，真正有修养的人从来不必标榜，即使在面对诽谤时也是极其具有君子风度的，他们往往以不辩来应对。

曾经一个居士诉说：一块学佛的一个同修出于嫉妒心理，散布谣言诽谤自己，为此和他吵过几次，也托人捎话给他，可他还是不改，因此想找人在街上拦住揍他一顿。清净讲了一个“娄师德息谤的故事”来开导他：

唐代有个名叫娄师德的人，器量过人。一次，他走在街上，忽然听到有人指名道姓地骂他是畜生，他假装没听见，直接走了过去。

他的随从实在忍不住，就说："老爷，别人骂你，你没听见吗？"

娄师德说："他是骂别人吧，你听错了。"

随从说："他明明叫着您的名字辱骂，怎么会听错呢？"

娄师德说："天下同名同姓的人很多，他是在骂另一个娄师德。"

这时，那人越骂越凶，随从忍无可忍，又说："老爷，那个人又在指着骂您是畜生，连禽兽都不如……"

娄师德打断他的话说："他骂了我一句，你又对我重复一遍，你不是也在骂我吗？不要多管闲事。"

这一句"不要多管闲事"很有意味。辱骂的话语本来只是幻化的声音，如果内心还去分别，不是没事找事吗？若要分别，可以分别一天、两天、三天，分别一年、十年、一百年，可以永无止尽地分别下去；然而智者谁会这样浪费心思呢？最好不去管它，也就没事了。学道人须学"木石顽"，风吹雨打不相干，所谓"大智若愚，大巧若拙"，骂不还口看似愚笨，实际是大聪明。古人说："何以息谤？曰：无辩。"又说："是非以不辩为解脱。"就是教人要"闻谤不辩"。

唐代寒山大士问拾得大士："世间谤我、欺我、辱我、笑我、轻我、贱我、恶我、骗我如何处治？"

拾得说："只是忍他、让他、由他、避他、耐他、敬他、不要理他。"

"君子坦荡荡，小人常戚戚"，也许很多时候，诽谤与流言并非我们所能够去制止的，有人群的地方就有流言，这里的关键是我们对流言的态度，美国总统林肯说："如果证明我是对的，那么人家怎么说我就无关紧要；如果证明我是错的，那么即使花十倍的力气来说我是对的，也没有什么用。"用坦然的心态来应对诽谤，诽谤最终会在事实面前不攻自破的。

急流勇退要及时

语录

君子求退勿迟。

——《官讳经》

【解读】

王阳明认为，君子急流勇退的时候要及时。

关于“狡兔死，走狗烹；飞鸟尽，良弓藏；敌国破，谋臣亡”的故事经常在历史中上演，尤其是在开国之初更为如此。宋太祖用“杯酒释兵权”的方式劝退了立国的功臣，而朱元璋却向开国功臣挥起了大刀。众所周知，鱼不可脱于水，龙不可脱于渊，人不可脱于权。一个久握重权、身居高位的人，一旦失去权柄，就会惨不可言，即使想成为平民百姓，过着贫苦下贱的生活都不可能。怎么把握好时机，“急流勇退”已经成为时代的选择，选择正确，既保护了性命，更保护了自己的名声；选择错误，不仅所得到的可能全部失去，甚至还会搭上自己的性命。

越王勾践卧薪尝胆，灭吴复国，其中起了关键作用是他的两大功臣：一个是范蠡，一个是文种。当年勾践被围会稽山上，弹尽粮绝之时，是文种提出以乞和求降之计来保存性命，使勾践得以生还；当勾践被拘往吴国，又是文种留在越国，救死抚孤，耕战自备，发愤图强。当勾践从吴国归来之后，还是文种提出了破灭吴国的七种办法。

勾践打败了吴国，称霸一时。就在欢庆胜利的时刻，范蠡急流勇退，隐姓埋名，弃政经商去了。他出逃之前，曾给文种留下了一封信说：越王可与共患难，不可与共欢乐，你如果不赶快离开，将有大祸临头。

文种以为范蠡太多心了，不过，从此以后他也不大过问国事了，终日称病在家。可是，勾践并没有放过他。于是，他借探病为名，来见文种，问他道：“先生曾以灭吴的七种手段指教过我，我只采用了其中的三种，便将吴国灭了，剩下四种，你打算再怎么去使用呀？”

文种说：“我看不出它们还有什么用处。”

勾践说：“请先生带了这四种手段，到九泉之下去辅佐我的先人吧！”说罢起身登车而去，留下了一把名为“属镂”的利剑。

文种明白，勾践容不下他了，便自刎而死。

“兔死狗烹”不只反映了历代功臣的悲剧命运，也揭示了最高掌权者的性格特征。不过勾践这个人杀功臣手法还比较文明，也比较直率，而不像后代许多屠杀功臣的掌权者们那样，给受害者扣上“造反”、“通敌”之类的大帽子，也比那些后来者要仁慈得多，没有动用酷刑、凌迟之类的残忍手段，只留下一把宝剑，由文种自行就死，而且也罪止文种一人，而没有大肆株连。

这则故事告诉大家，权力是好东西，但也是坏东西。权势到手，确实令人身价百倍，也实在可以令人“荣华富贵，风光无限”。但是稍有不慎，大难临头，权力旁落，后果也就自然连普通百姓都不如。聪明人在机会来临时，可以最大的能量来挥洒自己的智慧和才干，赢得别人的敬重。在危机时，能够根据客观情况见机行事，及时功成身退，决不贪恋权力，这样才能更好地保全自己。

修为篇

人要有点阿 Q 精神

王阳明 语录

世以不得第为耻，吾以不得第动心为耻。

——《顺生录·王守仁年谱》

【解读】

王阳明认为，世人认为，多次会试不中是一件可耻的事情，而我认为过分在意多次会试不中是件可耻的事情。

王阳明出身书香门第，自幼通晓四书五经，年轻富有才情，在当时京城少年中就赫赫有名，他金榜题名应该是理所当然，但屡试不中，让许多人大跌眼镜。在那个“万般皆下品，唯有读书高”的时代里，金榜题名是人一生中最重要的事，也是整个家族的大事，它不仅能改变个人的命运，也能改变整个家族的命运。能不能中在那时已经不是个人的大事，而是整个家族的大事，涉及整个家族的荣辱问题。对王阳明来说，考不中不仅要承担落榜压力，还要承担来自社会上的压力，承担来自家族内部的压力。按道理讲，他应该感到耻辱，尤其是他家在当时的京城是有头有脸的人，但他并没有这种感觉，在他看来，有上榜之事，就有落榜之事，没有必要过分在意。

如果大家都认为某件事很重要，或者说涉及家庭，或者整个家族的荣誉问题，而在自己看来，又有实力能够办成，但是由于各种原因反而没有办成，要说没有精神负担，这不是自欺欺人吗？当然，如果能够通过自己心理调节，卸下这些精神负担，那就再好不过了。人生道路很长，什么事情不可能都办得顺顺当当的，在心理上随时要做好失败的准备。生活不是一条康庄大道，我们都有权利追求更好的生活，但更多时候遇到的是一条布满荆棘与陷阱的崎岖小路。怎么办？鲁迅的阿 Q 精神是一种不错的选择。“阿 Q 精神”简单地说就是一种自慰精神或者自贱精神，学者概括为就是阿 Q 的自欺欺人、自轻、自贱、自嘲、自解、自甘屈辱，而又妄自尊大、自我陶醉等种种表现。简言之，是在失败与屈辱面前，不敢正视现实，而使用虚假的胜利来在精神上实行自我安慰，自我麻醉，或者即刻忘却。

在我读研究生的时候，我导师曾经跟我们说，自己的孩子能够健健康康最重要，至于他能不能成才，并不是关键，最优秀的可能为世界做贡献，次一点的为国家做贡献，再差一点才是自己的，留在身边，这样你才能享受天伦之乐，享受晚年的幸福。 开始，我们不太理解，比如我自己，通过多么艰苦的努力才考上研究生，才有今天的成就，谁难道不希望自己的孩子能够成才呢。 但随着在大城市生活的时间长了，特别是与那些养狗的大爷、大妈聊天的时候了解到，他们的孩子基本上不在身边，要么待在国外，要么忙于为国家做贡献，无暇照顾他们，他们只好养狗来打发自己的时间。 如果你仔细看看，你就会发现我说的不假，大城市养狗的老人越来越多。 所以，现在对孩子是否成才，我没有以前那么担心了，只要他健健康康、遵纪守法就行，不管成才不成才都是好，成才我祝贺他，不成才留在身边也挺好的。

人生的大道理就这么简单

语录

道之大端易于明白，此语诚然。顾后之学者忽其易于明白者而弗由，而求其难于明白者以为学，此其所以“道在迩而求诸远，事在易而求诸难”也。

——《传习录·答顾东桥书》

【解读】

王阳明认为，大道理容易令人明白，这句话说得对极了。后来的学者不去学习那些简单明白的大道理，反把那些难以理解的东西当做学问去追求，这就犯了“道理在近处却偏偏往遥远的地方去寻求，事情本来很简单，却偏偏要将其复杂化”的毛病。

我们常说“大道至简”，而事实证明的确如此，圣人的学问简单易懂，具有普世的价值。像儒家的仁义思想，道家的无为思想，墨家的兼爱非攻思想，等等，让人一看，一听就明白了，使人觉得他们就生活在我们身边。而事实上，当用来指导我们的学习和工作时，为什么就不灵了呢？比如在人的一生中，我们追求金钱、名誉和地位，追求刻骨铭心的爱情等等。我们有许多的追求和憧憬，但实际上，哪些是我们心灵真正需要的呢？那些满足我们生产、生活的东西，那些满足我们欲望的东西，哪些是属于我们心灵真正所需要的呢？如果去圣人那里寻找，答案是肯定的，那就是简单。生活简单就是圣人所推荐。可为什么人们会不厌其烦、孜孜不倦地去追求那些看似风光的东西呢？用王阳明的观点来看，皆因我们内心少了一种简单的人生态度。长期困在财富、地位与成就的壁垒中，无法舒展身心去享受用金钱也买不到的满足与快乐。

当你60岁时，还有背上背包，拉着老伴一起环游世界的冲动吗？2011年9月，64岁的张广柱和61岁的王钟津成为各大媒体争相报道的网络红人，“卖了房也要去旅行”，这对“花甲背包客”裹挟着全新理念在微博上掀起风潮，引发无数网友对生活的重新思考。从2008年至今，在语言不通的情况下，两位老人自助游览了欧洲、北美洲、南美洲等40多个国家。旅行，对于他们而言，也更是一种婚姻升华的美好方式。退休前，王钟津是山西社科院一名职员，而张广柱曾是一家企业中层管理人员，后来不甘平凡，选择下海。大半辈子里，两人过着平淡的婚姻生活，柴米油盐，波澜不惊。和大多数老人一样，退休后，两人在家里帮女儿照顾孙子，偶尔跟随驴友一起爬山户外，看看祖国大好河山。2007年之前，老两口压根没有想过有一天环球之梦能够在自己身上实现。“可能担心语言方面有阻碍吧。”王钟津说道，这份浪漫冲动，源自一次旅行的偶然感悟。2007年春节，夫妻俩前往云南虎跳峡旅游。在纳西一家客栈中，张广柱和王钟津看到同在一个屋檐下的外国游客一句中文也不会说，比划着各种手势照样与当地人交流。“老外可以，咱俩为何不可以呢？”老两口顿时有些不太服气。而此时，张广柱心中那个“想去阿尔卑斯山漫步”的愿望再次浮现。一路上，他都若有所思。从云南回来后，张广柱便和妻子提出：我们也去国外旅行。“好啊。”王钟津曾是北京到山西插队的知青，年轻时的漂泊闯荡让她骨子里有种“不安分因素”。此言一出，二人一拍即合，立即开始了出国旅行的筹备。从身体到各项大小事宜，二老准备了整整一年。“财政部长”王钟津负责查询银行信用卡、汇率等事务，张广柱则从语言到路线规划全面负责。业余时间，女儿教会了老两口上网打字，从“二指禅”到盲打，逐渐熟练。每天花七八个小时学英语，不断上网查阅资料，两人忙得不亦乐乎，“出门前当然得了解当地的历史和文化，每天我们会定时交流，汇报进度。”从2008年3月开始，两位老人背上大包，带上LP（*Lonely Planet*）小本，踏上了欧洲16国的自助旅行之路，开始梦想的第一步。而后的3年里，二老的足迹踏遍全球40多个国家。语言的障碍、家庭的羁绊、工作的忙碌、经济的限制……在对“花甲背包客”大量赞美艳羡的背后，透露的往往是更多现代人无法实现环球梦的无奈。其实，关于“生活”，各有追求。正如网络流传的一段话：“只要半平米的钱，日韩新马泰玩一圈；一两个平米，欧美列国归来……全世界玩遍，可能还没花完一个厕所的钱，但你世界观已改变。”张广柱和王钟津两位“花甲背包客”用行动告诉我们，人生的大道理就这么简单，你不必去远方寻找，也不用搞得那么复杂，其实它就生活在你的身边。

不做沽名钓誉之徒

语录

名与实对，务实之心重一分，则务名之心轻一分；全是务实之心，即全无务名之心。若务实之心如饥之求食、渴之求饮，安得更有功夫好名？

——《传习录·薛侃录》

【解读】

王阳明认为，名与实是相对的，在实方面多用一分心，则名方面就轻一分；把心全用在务实上，追求名利的心思就没有了。如果务实之心像饥之求食、渴之求饮，哪还有时间、精力去追求名声。

现实生活中，我们既要务实，也要求名，因为这是对我们工作成绩的一种肯定，这就是我们为什么要评优秀、先进的原因。名声可以起示范带头作用，引导他人向这方面看齐。然而这里我们强调更多的是，名与实要相对应，而不是脱节。做事不虚浮，一步一个脚印，对于走仕途的人来说，这才是正道。

《人民日报》2012年2月就发表了关于虚与实的评论员文章：是干出硬邦邦的“实绩”，还是制造虚幻的“泡沫”？这道看似简单的选择题，有些干部未必能做得令人信服。

有的地方只热衷大手笔的“形象工程”，其他的则统统让路；有的地方只重显绩不重潜绩，看得见的做得很漂亮，看不见的则粗制滥造；有的干部想的是“自己种树自己乘凉”，为求任上见效，哪怕竭泽而渔。不重“实绩”重“虚功”，是领导作风不正的一个突出表现。

实与虚不只检验作风，更照鉴人品，考量党性。只有思想实、干事实、为人实，才能得到群众的真心拥护；如果热衷于搞形式主义、做表面文章，待人做事不实在、耍滑头，就干不好事业、得不到拥护。群众最反感这样的领导干部：在工作中搞短期行为，宁可“做势”不愿“做事”；在事业上不下功夫，搞小团体利益不遗余力，做形象工程劳民伤财；在人际交往中庸俗成风，吹吹拍拍拉关系，拉拉扯扯搞圈子，不讲原则讲义气。对于这些不良作风，人民群众不仅反感，而且厌恶。

“泡沫”的特点就是好看，甚至还顶着五颜六色的光环，乍一看能力了得、硕果累累，很能唬人。一些地方和干部喜欢制造“泡沫”，目的就是为自己捞取升迁的“资本”。有的“泡沫”破裂后留下巨大后遗症，造“泡沫”的人也很难受到追究。如果总是虚功常奏效，实绩难建功，难免在社会上助长“投机钻营者得利”的恶劣风气。我们常说“为官一任，造福一方”，对执政党的领导干部而言，还应“为政一时，教化一方”。党风正则民风淳，政德影响公德。领导干部以为政之德表率乡里，忠诚践行宗旨信念，社会风气能不淳厚？德有高标，官有榜样，民必勤劳正直善良，党的事业才会有保障。古今中外，概莫能外。

热衷制造“泡沫”的干部，不是认识上出了问题，也不是能力上出了问题，说到底是丢弃了基本党性、丧失了起码的政德。小平同志曾一针见血地指出：世界上的事情都是干出来的，不干，半点马克思主义也没有。我们正处于发展转轨期、改革攻坚期和矛盾凸显期，执政兴国靠的是求真务实，实功虚做只会让发展陷入停滞、问题不断积累、矛盾更加尖锐。

要真正解决群众反映强烈的“实与虚”问题，必须用好考核评价这个杠杆。科学分析、准确评价干部的德才与实绩，真正让实干苦干、实绩突出的干部得到褒奖和重用，让工作飘浮、投机取巧的人受到批评和惩戒。

干事业是如此，看人也是如此。金玉其外的橘，不过是败絮其中么？看一个人要分清到底是内在的光鲜，还是外在的光鲜。《威尼斯商人》中描述了鲍西亚父亲为宝贝女儿择亲定制的金、银、铅三个匣，揭示人对外表和内心世界的认识。

金匣外面刻着：“谁选择了我，将要得到众人所希求的东西。”里面的纸卷是：“发闪光的不全是黄金，古人的说话没有骗人；多少世人出卖了一生，不过看到了我的外形，蛆虫占据着镀金的坟。你要是又大胆又聪明，手脚壮健，见识却老成，就不会得到这样回音：再见，劝你冷却这片心。”

银匣外面刻着：“谁选择了我，将要得到他应得的东西。”里面的纸卷是：这银在火里烧过七遍；那永远不会错误的判断，也必须经过七次的试炼。有的人终身向幻影追逐，只好在幻影里寻求满足。我知道世上尽有些呆鸟，空有着一个镀银的外表；随你娶一个怎样的妻房，摆脱不了这傻瓜的皮囊；去吧，先生，莫再耽搁时光！”

铅匣外面刻着：“谁选择了我，必须把他所有的一切作为牺牲。”里面的纸卷是：“你选择不凭着外表，果然给你直中鹄心！胜利既已入你怀抱，你莫再往别处追寻。这结果倘使你满意，就请接受你的幸运，赶快回转你的身体，给你的深深一吻。”

匣给我们的启示不仅是世人对金钱的看法，更是对一切事务的看法。让我们像王阳明一样，力保务实而不受沽名钓誉之心所扰。

邪不胜正，做一名真汉子

语录

岂有邪鬼能迷正人乎！

——《传习录·陆澄录》

【解读】

王阳明认为，只要行得正、坐得正，哪有邪不能胜正的呢！

我们经常说“邪不能胜正”，只要行得正、坐得正，没做亏心事，就不怕半夜鬼敲门。没做亏心事的人，走路堂堂正正，说话大大方方，睡觉稳稳当当，决不会半夜里做噩梦。而做了亏心事的人，总是想这里想那里，防着这里防着那里，要想睡个安稳觉，更是难得。有一句话是善有善报，恶有恶报，不是不报，而是时候未到，时候一到，一定会报。亏心事做多了，总会担心会遭报应。可能有人说，我是无神论者，不相信世界上有鬼神。也有人说，我是有神论者，这个世界是由不同的神来主宰。其实，无论有鬼神还是无鬼神，关键看你是否做了亏心事。如果干了亏心事，内心还会平静？不会吧，不做噩梦就不错了。

“邪不胜正”在官场上代表是清白的一方，或者历史前进的一方，或者是民族大义的一方。黄宗羲在《宋元学案》说道：“大丈夫行事，论是非，不论利害；论顺逆，不论成败；论万世，不论一生。”不错，文天祥为了民族大义，面对死亡写下“人生自古谁无死，留取丹心照汗青”；谭嗣同为了民族强盛，用自己的鲜血来警示世人，在押赴刑场之前壮烈地写下“我自横刀向天笑，去留肝胆两昆仑”。正所谓“玉可碎，而不可改其坚；兰可移，而不可减其馨”，文天祥、谭嗣同他们用“一生”来成就了“万世之名”，如此情怀，正是体现了真正汉子的风采。

“邪不胜正”在商业上，体现的是“君子爱财，取之有道”。子曰：“富与贵，是人之所欲也，不以其道得之，不处也；贫与贱，是人之所恶也，不以其道得之，不去也。君子去仁，恶乎成名？君子无终食之间违仁，造次必于是，颠沛必于是。”孔夫子所强调的，要想有钱有地位，也只能通过仁道的方式来获得，否则也是不对的。

威尼斯商人安东尼奥是个宽厚为怀的富商，他热心帮助朋友巴萨尼奥去见美貌的富家嗣女鲍西亚而不得不向放高利贷的夏洛克借了三千块钱。

夏洛克因为安东尼奥借钱给人不要利息，影响高利贷行业，又侮辱过自己，所以仇恨安东尼奥，乘签订借款契约之机设下圈套，要求安东尼奥立下了违约割胸口一磅肉的契约。安东尼奥的全部资本都在“海上”，他的商船因故未能及时返回，于是夏洛克一纸状书把他告上法庭。法庭协调未果，因为不怀好意的夏洛克不要巴萨尼奥三倍甚至十倍于借款的还款，只要那一磅肉。法庭审判中，鲍西亚女扮男装出场作为律师用自己的博学使夏洛克打消割肉的念头的同时拿不回借款的一个子儿。《威尼斯商人》故事启示我们，做生意也要讲“正义”，不要把事情做绝了，否则自己迟早要付出代价的。我们经常说，你做了啥事，可能其他人都不知道，但天知地知，老天爷在看呢！

改造世界之前先改造我们自己

语录

公且先去理会自己性情，须能尽人性，然后能尽物之性。

——《传习录·徐爱录》

【解读】

王阳明认为，你且先去涵养自己的性情，只有穷尽了人的本性，然后才能穷尽物的本性。

王阳明强调，一个人应该先做提升自己、完善人格的事，而不应该把有限的时间和精力浪费在那些无关的琐事上。面对不如意的外界环境，与其总是愤愤不平、怨天尤人、牢骚满腹，不如把时间用在挖掘自己的潜力上。等我们内心的力量强大了，做好了充足的准备，这时再去面对外面的世界，也许这个世界就会变得不一样了。

春秋战国时，卫国的国君还很年轻，办事专断，政事轻率随意而无所顾忌，役使百姓使死人遍及全国不可胜数。孔子的弟子颜回打算去卫国帮助处理国政，特地来向老师辞行。孔子担忧地说目前你去卫国的时机不对，一是你的学识修养还不足以影响到卫君；二是卫君看起来是个暴君，他怎么会跟你讲道理呢？到时你只能乖乖地听他的，而不是你影响他。如果不听他的，那你只有死路一条。颜回束手无策，只好虚心向老师请教方策。

孔子说只有“心斋”能救你，即你要摒除杂念，专一心思，即使身处追名逐利的环境中却能不为名利地位所动，或许卫君就能采纳你的提议，让你阐明观点。要是他不能采纳你的提议，你就不要再说下去了，不要再去寻找仕途的门径。不向世人提示共同索求的目标对象，只是集中思想全无杂念，把自己寄托于无可奈何的境域，这样就差不多符合‘心斋’的要求了。一个人不走路容易，走了路不在地上留下痕迹就很难。受世人的驱遣容易伪装，受自然本能的驱遣，便很难作假。听说过凭借翅膀才能飞翔，不曾听说过没有翅膀也能飞翔；听说过有智慧才能了解事物，不曾听说过没有智慧也可以了解事物。那视万物为空无的人，他那空明洁净的心灵中，只存在一片光明的境界，一切善与美的事物就能在他心中停留。如果不能停留，那就叫做表面端庄而实际上心慌意乱，精神没有专注。如果能够使听觉、视觉专注于内心而不受外界干扰，那么鬼神将会前来归附，何况是人呢！ 这就是万物的变化，舜和禹，就是以此为要领治理了国家化育了万民，何况普通的人呢！

孔子的目的就是在入世做事之前，要专注“内外皆美”的生命志趣，通晓事理，懂得权变，这样才不会让外物伤害自己。 道德高尚的人，火烧不了他，水淹不了他，寒暑害不了他，禽兽伤不了他。 并不是说水火禽兽真的不伤害他，而是他能明察安危，安于祸福，进退谨慎，才不会不受伤害。 所以，我们常说在入世之前，最好先做好准备。

人的认识没有统一的标准

语录

尔却去心上寻个天理，此正所谓理障。

——《传习录·陈九川篇》

【解读】

王阳明认为，如果您到人的内心世界去寻求所谓的天理，这正是常说的理障。

人来到这个世界上，就应该对这个世界有一个基本的看法。世界是如此的丰富多彩、五彩斑斓，是各种人物组成的大杂烩。有经验或者说经历丰富的人都明白，不同的人对这个世界的认识是不一样的，由于看者的立场、观点、方法不同，同样的事情得出来的结论就不同。什么是正确的，什么是错误的，只有人民才有最终的发言权，而人民到底是谁呢？人民是指大多数人吗？好像也不完全正确。即使是，我们既不能说大多数人的意见代表着正确的观点，因为有时真理是掌握在少数人手中，当然我们又不能说少数人代表着正确的方向。

自然有其运行的规律，社会也有其运行的规律。我们一直在说，要掌握客观规律，而对规律的认识不是一朝一夕能够解决的，我们对小孩的要求与对大人的要求是不同的，同样的我们对他人的要求也应不同，不能说，我们对某件事物的认识，就代表着是正确的方向，或者说就是真理。从认识来说，真理离开了原有的条件，它就不是真理了，我们的原有结论就不正确，也许他人那里有不可言说的秘密，得出的结论可能与我们不同，也许是相反，我们没有理由要求他人与我们的看法保持一致。

认识是如此，人生更是如此。我们常说，一个人怎么活，是他自己的事情，与他人无关。主要是因为我们无法建立一个统一的标准。每个人有权利选择自己的生活方式，只要他没有妨碍他人，我们应该表示认同。于是，这个世界变得更加丰富多彩了。比如，选择从事什么样的职业，有的喜欢做官，有的喜欢做医生，有的想从事娱乐行业，也有的人觉得这些都不好，不如当乞丐等等，这些都是别人的选择，我们不能在心里有半点纠结。比如，赚钱的方式，有单干的，有大家合作的，有开公司的，有做服务的，有走一般渠道的，有另辟蹊径的，有老老实实的，也有投机取巧等等。再比如，小孩上学择校，有的找各种关系、打通各种渠道；有的通过共建方式；有的通过孩子的努力，用各种证书来解决；有的通宵排队；有的干脆买学区房；还有的说我不干了，我到别的城市去等等，我们不能强求必须采取某一种方式，更不能否定任何一种方式。

这个世界是多么奇妙，人生的境遇也是如此，有高潮、有低潮，有顺利的，也有不顺的，可能对大多数来说，不顺的时候可能更多。人的一生，从胎儿、婴儿、孩童、少年、青年、中年、到老年，这个过程诠释了生命的真谛，它包含了酸甜苦辣，凸显着人生得意的光芒和失意的暗淡。世界本身就是如此，如果我们总用一种效益坐标来判别人生的状况，前进为正，后退为负，上升为优，下沉为劣，那么，我们就永远不能读懂人生。沉浮动静皆人生，放下心理负担，轻装前进，好好的享受人生。

您想追求什么

语录

志于道德者，功名不足累其心；志于功名者，富贵不足以累其心。

——《静心录之一·文录一》

【解读】

王阳明认为，致力于道德者，对功名并不很在意；致力于功名者，对富贵并不很在意。

王阳明强调，真正的智者永远知道自己需要什么，不需要什么，他们从来都是把有限的精力放在他所追求的目标上。现实中，我们永远存在这两种人，一种是为了虚有梦想而奋斗。最有名莫如堂吉诃德战风车，他为了一个虚无的目标，竟然把风车当做自己对手，来展现自己的骑士精神。还有一种是没有方向的人，他们没有长远的目标，看到什么就想要什么，比如看别人的车子比自己的豪华，他就要这样的车子，看到别人住的房子大，他就想要一套大房子，等等，他们只关注眼前的东西，对长远的东西并不关心，他们的人生是一团糟，他们也像别人一样，整天在忙碌，但不知道在忙什么。这种人生最大的特征是做一天和尚撞一天钟。当然，最好的人生就是把理想与现实很好的结合起来。温家宝总理曾说过，我经常仰望天空，想想我的理想，然后我再看看我的脚下，因为要实现理想，必须靠我一步一个脚印走出来。当然，在向理想迈进的过程中，也经常被各种名利所干扰，怎么办，这就需要像王阳明所说，加强自己的修养，让心里能够达到敬畏和洒脱的境界，始终做到“从心所欲不逾矩”，从内心把任何名利排除在外，使自己变得更加务实。

读书真的很累吗

语录

读书作文安能累人？人自累于得失耳。

——《传习录·黄修易录》

【解读】

王阳明认为，读书作文怎么能不累人？ 人之所以活得累，是因为太过于计较自己的得失。

在理解王阳明的话之前，必须要更正一个观点：读书是非常苦的，我们古有“十年寒窗之说”，但是不是王阳明所说的心累，还不敢说。 但有一点可以确定的，无论古代或者现代，普通人可以通过读书改变一个人，或一家人，或一个家族的命运，我们长辈经常用“书中自有颜如玉、书中自有黄金屋”之类来激励自己的后代去读书。

与当今相比，古代确实给读书人非常高的地位，受到了从上到下足够的尊重，比如：古代中个秀才，上公堂可以坐着，可以替人辩护、写状子；中个举人，就算你才 18 岁大家也都叫你老爷，家门口树旗杆，可以成为当地社会名流。 中个进士，哪怕是赐同进士出生，也能进翰林——中央学术机构。 读书人虽然也可能穷，但是越过科举这道鸿沟，则顷刻风光无限，终生荣华富贵。 正所谓“十年寒窗无人问，一举成名天下知”，“朝为田舍郎，暮登天子堂”。 在“百无一用是书生”的时代，中举带来的天壤之别的变化着实令人羡慕和神往。 更有甚者，中了举，人却喜极而疯。《范进中举》中的范进就是这样的典型。 范进正是封建时代千千万万个热衷功名的下层知识分子的典型。 他大半生穷困潦倒，到 54 岁才考进秀才。 他中举之前，穷得揭不开锅，邻里没有一个借米周济他。 他地位卑微，到处受人歧视，岳父胡屠户可以任意辱骂他，他竟然“唯唯连声”。在这种情形下，范进他仍偷偷赴试，更表现出他对功名的疯狂追求。 中举后，情形就完全不同了，范进地位马上得到提升，周围众邻居的称呼“范老爷”，胡屠户的言行来了个 180 度大转弯，他的经济状况与以前不可同日而语，同县的举人张静斋送钱送房子，他对胡屠户的称呼由“岳父”转为“老爹”。 范进得到了他想要的功名富贵，但他也马上表现出虚伪、世故的性格。

从范进的举动来看，如果说古代读书不累，那是骗人的话。但对王阳明来说，可能就不一样了，因为他出身于官宦之家，不用考功名，照样能做官、当老爷，他可能无法体会到范进读书的苦和累。当然，读书如果拿到现在来说，可能有所不同，虽然可以改变自己的命运，但效果没有那么明显。香港科技大学教授丁学良认为，读书的六种目的取向：第一种是为了求知识而读书；第二种是为了求技能而读书；第三种是为了满足好奇心而读书；第四种是出于情感的需要、情感的驱使而去读书；第五种是为了寻求一种生命的意义，人生的意义，最高的、终极意义上的价值目标而去读书；第六种是关于人该怎么样奋斗，该怎么样向上而读书。如果按照这六种目的去读书，我想读书绝对不是很累的事，反而是很高兴的事。如果这样还说读书累，可能真是要在其他方面来找原因了。

修身养性要常常做

语录

只要去人欲存天理，方是功夫。静时念念去人欲存天理，动时念念去人欲存天理，不管宁静不宁静。

——《传习录·陆澄录》

【解读】

王阳明认为，只要每天想着如何减少自己的欲望、留存天理，才是真正下功夫的地方。静的时候念念这些，动的时候也念念这些，不管是处于宁静状态还是不是宁静状态都应该如此。

王阳明强调，我们任何时候都可以修身养性，如何来修身养性呢？他后来又对静与动的修身养性提出了具体的要求：静时念念去人欲、存天理，着眼点在存心；动时念念去人欲、存天理，着眼点在养心。

王阳明说得不错，我们经常要做“存心”和“养心”的功课。“存心”中的“存”是保存的意思，就是有意识地把握、不使丢失。“存心”指有意识地保存自己的良心，不使之被人事淹没。在日常生活中，我们的心灵经常是麻木的。我们学会了太多的做人技巧和法术，遇到问题首先想到的是应用这些技巧。但是这些技巧不能让我们在利益的诱惑面前气势如虹，在关键的考验时义无反顾，做人的法术不能给我们的人格以力量、生命以底气。因此，“存心”的“存”不能理解为封存，而是指有意识地保护和保存良心，别让它迷失。有时候，我们只有在夜深人静、独自静坐的时候，才会实实在在地感觉到自己心的存在。但是一回到现实，我们的本心立即消失得无踪无影。所以，我们要时时体会自己心的存在，感受良心的呼唤，聆听良知的声音。

外物改变人的本性，感官之欲减损人的善心。欲望太多的人，往往利令智昏，做了欲望的奴隶，其结果是“欲望号列车”不知驶向哪里，失去控制，坠入万劫不复的深渊。因此，心不仅要存还得养。孟子在《尽心章句下》说：“养心莫善于寡欲。其为人也寡欲，虽有不存焉者，寡矣；其为人也多欲，虽有存焉者，寡矣。”人的习惯是多年养成的，不可能一下子戒除所有毛病，需要日积月累地调整，逐渐把多年养成的坏习惯消除。因此，人心本身也需要“养”，我们要学习把自己的心当做一棵树、一株盆景来养育。通过减少不健康的欲望，可以达到涵养心灵的作用。如果把我们的心比作一株植物的话，那么也可以说，清除贪心和私欲，保持净心，发展自己性格中善良的一面，就好比是在给自己的心浇水、施肥，保证心的健全生长。随着改革开放的深入以及全球化进程的加快，我们面临的诱惑越来越多，这就决定了“养心”一定要专心致志，持之以恒，不能“一曝十寒”，否则我们极有可能功亏一篑。

“存心”与“养心”的关系是相辅相成的，互为补充。“存心”是就具体的心理活动而言，强调抓住良心不放，是从短期行为着眼；“养心”则强调培养健全的心灵需要时间和耐性，不可能一蹴而就，主要是从长远效果着眼。两者最终目标是相同的，那就是培育健全的人格。只有把两者紧密地结合起来，才有可能使自己的心灵始终保持一个自由的状态。所以，生活中的我们应该明白：一天能吃三餐足矣，何必再想其他事呢？

纠缠于个人的私欲怎么能幸福呢

语录

彼其胶于人欲之私，则利害相攻，毁誉相制，得失相形，荣辱相缠，是非相倾，顾瞻牵滞。纷纭舛戾，吾见其烦且难也。

——《悟真录之一·文录四》

【解读】

王阳明认为，任何事物都有两面，利害、毁誉、得失、荣辱、是非总是相辅相成，如果总是纠缠于个人的私欲，瞻前顾后，斤斤计较，我看心里不烦也难呀。

任何事物都有两面，正如一枚钱币都有正反两面一样，同样的，毁誉、得失、荣辱、是非也是相辅相成的，幸福与不幸福也不是绝对的，关键在于看问题的角度。有时，我们也许是站在墙内，向往墙外，一旦走出围墙外，可能发现其实都是一样。有时我们也许站在墙外，向往着墙内，可一旦走进墙内，发现梦想与现实差距竟然这样大，这正如钱钟书在《围城》里所说的“被围困的城堡，城外的人想冲进去，城里的人想逃出来”。所以，我们不必羡慕他人，与其对自己的现状长吁短叹，不如好好地享受生活的快意。

在一个村子里东边住着一位老师，西边住着一位官员。老师看到官员每天无需劳作，吃好喝好，十分羡慕他；官员看到老师每天拿着教案去给学生讲课，每年还有寒暑假，也十分向往那样的生活。有一天，官员利用自己的权力，与老师达成了协议，双方互换身份体验各自生活，于是老师过起了官员的生活，官员过上了老师的日子。

几个月过去了，成了官员的老师发现，原来官员的日子并不好过，表面上悠闲自在其实是日理万机，官场的各种规则更是让他感到无所适从，便又怀念起以前当老师时的生活来。

成了老师的官员也体会到，他根本无法忍受重复一样的工作——每日都要给孩子们上课，于是也想起做官员的种种好处。

又过了一段日子，他们各自心中又开始渴望原来的生活。

老师羡慕官员，官员羡慕老师，真正互换了彼此的生活，又发现原来的生活才好。人生就是这样：你眼中的他人的快乐，其实并非真实生活的全部，每种生活都有欠缺，我们不必羡慕他人的生活，重要的是要珍惜自己目前所拥有的一切。

人的生命有长有短，但幸福是没有长短之分的，关键是你的感受和理解。李鸿章晚年手书的一帧条幅，上联：享清福不在为官，只要囊有钱，仓有米，腹有诗书，便是山中宰相；下联：祈寿年无须服药，但愿身无病，心无忧，门无债主，可为地上神仙。清代的大学者张潮在《幽梦录》中，对“福”也有自己精到的见解：“有功夫读书，谓之福；有力量济人，谓之福；有学问著书，谓之福；无是非到耳，谓之福；有多闻直谅之友，谓之福。”而明朝江西金溪人胡九韶，更是以自己的言行，诠释了“清福”的真义。

胡九韶是明代大儒康斋的学生。康斋是王阳明的师太爷，是继孔子之后“述而不作、信而好古”少数几位儒家之一。读书、做圣贤功夫、行走江湖、亲耕、修养心性，是康斋一生的主要内容。据说有一次割水稻，康的手不慎被镰刀划破了，但他并没停下来包扎止血，而是继续埋头劳作，其“不动心”和“不为外物所胜”的修养境界，为学界称颂。

而胡九韶得其师真传，过了一辈子的清苦生活，却安贫守道，自得其乐。每天申时，即下午三点到五点的时候，胡九韶都要焚香磕头，感谢上天又赐给自家一天清福。妻子笑着说：“我们一日三餐吃的都是菜粥，怎么能算清福？”九韶说：“我一生没遭遇战乱兵祸，全家能吃饱穿暖，床上没有病人，出门没有官司缠身，这一切不是清福是什么？”

胡九韶对幸福底线的概括，真是精辟全面：天下太平、衣食无忧、全家健康、社会和谐。舍此，黎民百姓夫复何求？而在一个相对稳定的社会中，这些应当说是不难实现的。但我们总是怨天尤人不满足。原因不外乎二：一是“身在福中不知福”；二是享了清福想“洪福”、“艳福”……。当然，争取更多的幸福，亦是人的天性和应有的权利。靠勤劳智慧去争取，应该鼓励。问题在于总有人心术不正，戴上一顶乌纱，有了一点权力，就看不得别人致富。有一位贪官事发后反省：“我笔一批，就挑人家发财，不拿点回扣吧，心不甘睡不着；拿了贿赂吧，心不安睡不着。”如此心态，如此煎熬，真的是：拒贿惜日短，贪赃嫌夜长，反侧复辗转，何来清福享！

身外之物不可眷念

语录

然可欲者是我的物，不可放失；不可欲者非是我物，不可留藏。

——《传习录·答吕子约》

【解读】

王阳明认为，如果是我心里想要的东西，我要努力去追求；如果不是我心里想要的，不能把它留藏在心里。

什么是我们心里真正想要的东西呢？ 在王阳明看来，完美的人格和心灵上的愉悦是最重要的。

不错，追求心灵上愉悦是我们每个人所向往的，不管是穷人还是富人，不管是当官的还是老百姓，不管是品德高尚的人还是普通人，都是如此，尤其是在今天这个物欲横流的社会里更是如此。 随着大家越来越注重物质利益的追求，其精神状态每况愈下，我们的心灵深处愈来愈感到孤独、苦闷、烦躁、矛盾，怎么办？

王阳明认为，要正确认识内心世界和身外之物，对于内心世界所向往的东西要尽力去追求，而对于身外之物，来了既不欢迎，去了也不留恋、惋惜，要以一种豁达的态度对待所遇到的各种事物，自然就会依顺自己本来的智慧去应对，这样才不会被外界所牵挂。

事实上，每个人都有烦恼，我们常说每家都有一本难念的经，这本难念的经有两个来源：

一个是自身的欲望，这种欲望有层次之分，较低层次的欲望有生活的需要、生理的需要、安全的需要；较高层次的欲望有工作的需要、追求事业成功的需要，等等。 较低层次欲望的实现带来满足感，较高层次欲望的实现带来成就感。 一个是人的命运，有时候确实像老天爷安排好了的。一个人并不能完全左右一切。 对人生有满足感的人，不一定要去追求不属于他的成就感；有了成就感和非凡人生的人，也不一定要去苛求只有平凡人生才会体验到的完全的满足感。 老天爷是公平的，它不愿意看到除了它之外的任何人拥有只有它才能拥有的一切。 满足感也好，成就感也罢，人生无论欲望层次的高低，适可而止是最重要的。 许多人因没有把握好“欲望的问题”，而失去了他们本可以享受的人生幸福。 举例来说：A君，本地名医，退休后一个月拿十三个月的工资，本可以安享晚年。当听说某医院招聘老医生，月薪两千元，他马上去应聘上了班。重新上班的第三天，他骑车去医院途中被汽车撞断了胯骨，两个月后医治无效去世。此君若不是为了钱，当不会以这种方式与死神打照面。而B君，报社副总编辑，患有严重的冠心病，离休后本应在家静养，安度晚年。但他不甘寂寞，另起炉灶为报社创办了一张新报纸。报纸办得有声有色，他甚至获得了比他在职时更高的声誉。但B君却因操劳过度，出差途中病情突然发作，来不及救治客死异乡。如果此君若不是为了名，完全可以和死神继续周旋上很多个时日，而不至于如此仓促地与这个他曾叱咤风云的世界告别。我国古代思想家老子说过："欲而不知止，失其所以欲；有而不知足，失其所以有"。意思是说，如果不知道适可而止，控制自己的欲望，就会什么欲望也满足不了；如果不懂得知足克制，连已有的一切也保不住。

第二个是外界的影响，金钱、权力、华屋、名声、美色、佳肴等，无时无刻地在诱惑着我们，而这众多的烦恼，就是因为我们有太多的执着，有太多的贪欲，整天惦记着如何才能得到声、色、名利等外在的东西，心里才会受尽煎熬。生活中，我们想要的太多，这些东西也许不是我们心里真正所需要的；也许因为内心不够强大无法抵住外界的诱惑；也许是因为这个世界过于华丽以至于我们无法看清楚的东西，但是如果我们得不到，我们就会不停地去想，久而久之就变成了我们生活的不可或缺的一部分，我们永远无法得到满足，当然也不可能有幸福感。一位心理学家指出：快乐其实很简单，那就是改变我们思考的重心，从我们所想要的转而想到我们所拥有的。不是期望你的爱人是别人，而是试着去想她美好的品质；不是抱怨你的薪水，而是感激你拥有一份工作；不是期望你能去夏威夷度假，而是想到你居所附近亦有乐趣。如果我们保持一颗平静的心，学会"物来而应，过去不留"，适当放下，这不仅是一种洒脱，更是参透万物后的一种平和。

人要有克己之心

语录

人须有为己之心，方能克己；能克己，方能成己。

——《传习录·薛侃录》

【解读】

王阳明认为，人先有自己的欲望，然后才会想到去控制自己的欲望；能够真正地控制住自己的欲望，才会让自己获得成功。

人生的热闹风光说穿了不过名利二字，《红楼梦》开篇偈语就说“人人都说神仙好，惟有功名忘不了”。人类绵延生息不绝，源于欲望驱动，所以“人生而有欲”。正常、合理的欲望，能满足人们物质上的富足，追求事业上的成功，争取人生中的精彩。一般来说，对于欲望，既不可禁止，又不可放纵。不过，欲望的发展是有限度的，若无限膨胀，失去理智，难免被无度的欲望所累所害。求名心切必作伪，求利心重比驱邪。“有欲甚，则邪心胜”，“欲炽则身亡”。从古至今，多少人在混乱的名利场中丧失原则，迷失自我，百般挣扎反而落得身败名裂。司马迁说得好：“君子疾没世而名不称焉，名利本为浮世重，古今能有几人抛？”庄子在《徐无鬼》篇中说：“钱财不积则贪者忧；权势不尤则夸者悲；势物之徒乐变”。意思就是追求钱财的人往往会因钱财积累不多而忧愁，贪心者永不满足；追求地位的人常因职位不够高而暗自悲伤；迷恋权势的人，特别喜欢社会动荡，以求在动乱之中借机扩大自己的权势。而这些人，正是看不破钱财之人，注定会有无尽的烦恼。

古有“和珅跌倒，嘉庆吃饱”一说，讲的是嘉庆四年正月，乾隆驾崩，嘉庆帝宣布和珅的二十条大罪，下旨抄家，抄得白银八亿两，当时清廷每年的税收，不过七千万两。和珅所匿藏的财产相等于当时清政府十五年收入。时人戏称“和珅跌倒，嘉庆吃饱”。这是和珅没有克制好自己的贪欲。今有重庆10名党政干部、国有企业负责人因系涉及不雅视频被免职，主要是他们没有管住自己的欲念。还有一个故事，讲的是三兄弟没有控制住自己的钱欲，最终断送了自己的性命。

从前，刘家庄里刘老汉和妻子王氏生育了三个儿子。他们的家境不能说好，也不能说坏。一年忙到头，虽没能让人家称他为财主，但也绝不是穷光蛋。餐桌上虽不能天天摆上鱼肉一类的荤菜，但过年过节总能烧几道像样的菜肴，让全家人吃个满意。更令人羡慕的是他们家从来听不到吵架声。人家都说刘老汉的三个儿子都是大孝子。可不是吗，刘老汉和王氏先后去世时，三兄弟一个比一个哭得伤心。父母不在了，他们也不忙于分家，依旧干活走在一起，吃饭坐在一起。但是这种和谐的氛围随着一坛金子的出现而变得杀机四伏。刘氏三兄弟正在锄一块收割过麦子的地，发现了一坛金子。老三为了独吞这坛金子，在给两个哥哥准备的饭食里下了砒霜，想要毒死他们。而老二在吃饭的时候却没急着吃饭，他有意坐到哥哥和弟弟的背后，悄悄地提起了锄头，对准老大和老三后脑猛击，脑浆流了一地。然后才开始吃饭，饭吃完了，砒霜的毒性也发作了，他和两个兄弟一样都死了。三兄弟的亲情比不过一坛金子，甚至丢掉了自己的性命，可见金子诱惑是如此之大。生前枉费心千万，死后可能空持手一双，如果不想成为欲望的囚徒，除了努力去克制住物欲、钱欲、贪欲、私欲、色欲以外，别无他途。

人生也要善于做减法

语录

吾辈用功，只求日减，不求日增。减得一分人欲，便是复得一分天理，何等轻快脱洒，何等简易！

——《传习录·徐爱录》

【解读】

王阳明认为，我把功夫用在减法上，每天只求减一点，不求加一点。减一分私欲，便得一分天理，这是何等的轻快脱洒，何等的简单易了！

人一生下来，父母教我们所做的大部分都是加法，比如算数、习字、画画、练习口才、与人打交道等等一些基本技巧，目的是为将来的人生积累一些技能。当然，随着我们技能越来越娴熟，我们对物质环境的追求越来越高，越来越想有一个体面的工作，有宽敞的房子，有漂亮的汽车，等等，这些想法慢慢地充满我们整个身心，于是烦恼、痛苦也慢慢地随之而来，感觉生活变得越来越累。

应该说，人生做加法是没有错，因为这是生存的最基本的技能，没有这些技能，确实在社会生活起来还是有一定难度。但人生也不是单单做加法，还应该做减法。减什么，主要的是减欲望，即在人的欲望方面做减法。有一个“沉重的竹篓”的故事很能说明这个问题：

有位中年人觉得自己的日子过得非常沉重，生活压力太大，想要寻求解脱的方法，因此去向一位禅师求教。

禅师给了他一个篓子，要他背在肩上，指着前方一条坎坷的道路说：“每当你向前走一步，就弯下腰来捡一颗石子放到篓子里，然后看看会有什么感受。”

中年人照着禅师的指示去做，他背上的篓子装满石头后，禅师问他这一路走来有什么感受。

他回答说：“感到越走越沉重。”

禅师于是说：“每一个人来到这个世上时，都背负着一个空篓子。我们每往前走一步就会从这个世界上捡一样东西放进去，因此才会有越来越累的感慨。”

中年人又问：“那么有什么方法可以减轻人生的重负呢？”

禅师反问他："你是否愿意将名声、财富、家庭、事业、朋友拿出来舍弃呢？"

那人答不出来。

禅师又说："每个人的篓子里所装的，都是自己从这个世上寻求来的东西，一旦拥有它，就要对它负有责任。但如果心里装得太多，不放弃一些，你的生命将承受不起，现在决定了你的选择吗？丢下什么，留下什么？"

中年人反问禅师："这一路上，您又丢下了什么，留下了什么？"

禅师大笑道："丢下身外之物，留下心灵之物。"

一方面，人生在世上，不就是来追求功名利禄吗？那些功名利禄的东西无不经过自己努力得来的，花费了我们多少心血，怎么说舍弃就舍弃了呢？另一方面，我们心灵的"竹篓"装得越来越多，步履变得越来越沉，感觉越来越累，"放下"呼声越来越强烈。怎么办，我们应该学学王阳明，减得一分欲望，便多得一分快活。

常快活的确太不容易了

语录

常快活便是功夫。

——《传习录·答陆原静书》

【解读】

王阳明认为，经常能够保持愉快的心情就是本事。

人的一生中总会遇到一些不如意的事情：比如失业、降职、失恋、生病，等等。我们常说人生不如意十之八九，要想经常保持一个快乐心情相当不容易。孔子以颜回的饮食起居为例，赞扬颜回品行高洁，他说："贤哉！回也。一箪食，一瓢饮，在陋巷，人不堪其忧，回也不改其乐，贤哉回也！"意思是说，颜回用竹器盛饭吃，用木瓢舀水喝，住在简陋的小巷里。别人都无法忍受这样的清贫生活，但颜回却生活得很快乐。

一般来看，物质环境的好坏，对人的心情与思想影响非常大。但事实上并非如此，快活不快活与外物环境并没有必然的联系，关键在于你看问题的角度。穷人虽然生活条件比较差，但未必不快乐；同样的，富人虽然过着丰衣足食的生活，但未必真快活。这里就有这样的例子：

一个富人和一个穷人在一起谈论什么是快乐。

穷人说："快乐就是现在。"

富人望着穷人漏风的茅舍、破旧的衣着，轻蔑地说："这怎么能叫快乐呢？我的快乐可是百间豪宅、千名奴仆啊。"

不幸的是，一场大火突然之间把富人的百间豪宅烧得片瓦不留，奴仆们各奔东西，富人也沦为乞丐。

炎炎夏日，汗流浃背的乞丐路过穷人的茅舍，想讨口水喝。

穷人端来一大碗清凉的水，问他："你现在认为什么是快乐？"

乞丐眼巴巴地说："幸福就是此时你手中的这碗水。"

其实，快不快乐取决于我们心里，取决于我们信仰是否坚定，众所周知的二万五千里长征，唱出了人间绝唱。

在长征血与火的考验中，红军将士面对的是一条条波涛汹涌的大河，一座座巍然耸立的雪山，一片片茫无涯际的草地，前有敌军，后有追兵，可就是在这"敌军围困万千重"的绝境中，充满革命乐观主义精神的广大红军战士，大力发扬艰苦奋斗作风，以门板当床，稻草做被，转战二万五千里，终于从100万的敌人中杀出了一条生路。谱写出一曲曲动人的“永久奋斗”的革命乐章。

生活有时候会显出它不公平的一面，使我们经历磨难。然而，如果把这些磨难与二万五千里长征相比，那不过是生活中一点或酸或辣的调味品，如果只将目光集中在这里，生活反而会变得毫无希望。所以，当我们遇到挫折的时候，多想想美好回忆中那些令人振奋的人和事；当我们的情绪消极倦怠的时候，多想想如何去解决而不是一味地去逃避。当我们将内心痛苦的负累转化为积极乐观的力量，便能在不幸的悲剧之中重新找到幸福的人生，常保持一个快乐的心态。

不愿白头搔更短

语录

心无所累，意无所牵。

——《悟真录之十·补录》

【解读】

王阳明认为，心里没有被私欲所劳累，就不会被琐事所牵挂。

杜甫在《春望》这首诗中写道："国破山河在，城春草木深。感时花溅泪，恨别鸟惊心。烽火连三月，家书抵万金。白头搔更短，浑欲不胜簪。"多么感人的语句，诗的前四句写春城败象，饱含感叹；后四句写心念亲人境况，充溢离情。全诗沉着蕴藉，真挚自然，反映了诗人热爱国家、眷念家人的美好情操，但我们仍然看得出诗人心中那一片悲哀之情。我们都知道境由心起，杜甫如果没有这份心境，诗中也不会出现这种意境，那也就不会成为一首好诗。

作诗可以，但做人可不行。我们不能像林黛玉那样多愁善感，步步小心，步步谨慎。在意得太多，顾忌得也就越多，越在意，越能束缚我们的手脚。比如说我们在意领导的评价，因为他决定了你的升迁，在领导面前，我们显得处处小心；我们在意老板的评价，因为他决定了你的薪水，在他面前，我们做事要更加用心；我们也在意长辈的评价，因为他是道德权威，在他们面前，我们要侍候得更加周到；等等。我们总体感觉是非常累，就是因为心有牵挂。当然，如果我们放弃一些功名利禄，自然就不会心烦、心累。下面有一则"安步当车"的成语故事很有意思。

战国时，齐国有位高士，名叫颜斶。齐宣王慕他的名，把他召进宫来。颜斶随随便便地走进宫内，来到殿前的阶梯处，见宣王正等待他拜见，就停住脚步，不再行进。宣王见了很奇怪，就呼唤说："颜斶，走过来！"不料颜斶还是一步不动，呼唤宣王说："大王，走过来！"宣王听了很不高兴，左右的大臣见颜斶目无君主口出狂言，都说："大王是君主，你是臣民，大王可以叫你过来，你也叫大王过来，怎么行呢？"颜斶说："我如果走到大王面前去，说明我羡慕他的权势；如果大王走过来，说明他礼贤下士。与其让我羡慕大王权势，还不如让大王礼贤下士的好。"齐宣王恼怒他说："到底是君王尊贵，还是士人尊贵？"颜斶不假思索地说：“当然是士人尊贵，君王并不尊贵！”宣王说：“你说这话有根据吗？”颜斶神色自若地说：“当然有”。

从前秦国进攻齐国的时候，秦王曾经下过一道命令：有谁敢在高士柳下季坟墓五十步以内的地方砍柴的，格杀勿论！他还下了一道命令：有谁能砍下齐王的脑袋，就封他为万户侯，赏金千镒，由此看来，一个活着的君主的头，竟然连一个死的士人坟墓都不如啊。齐宣王无言以对，满脸不高兴。

大臣们忙来解围：“颜斶，过来！颜斶，过来！我们大王拥有千乘（一千辆战车）之国，东西南北谁敢不服？大王想要什么就有什么，老百姓没有不俯首听命的。你们士人太卑鄙了！”颜斶驳斥道：“你们说得不对！从前大禹的时候，诸侯有万国之多。这是为什么呢？因为他尊重士人。到了商汤时代，诸侯有三千之多。如今，称孤道寡的才二十四个。由此看来，重视士人与否是得失的关键。从古到今，没有能以不务实事而成名于天下的。所以君父要以不经常向人请教为羞耻，以不向地位低的人学习而惭愧。”宣王听到这里，才觉得自己理亏，说：“我是自讨没趣。听了您的一番高论，才知道了小人的行径。希望您接受我为您的学生，今后您就住在我这里，我保证您饮食有肉吃，出门必有车乘，您夫人和子女个个会衣着华丽。”颜斶却辞谢说：“玉，原来产于山中，如果一经匠人加工，就会破坏；虽然仍然宝贵，但毕竟失去了本来的面貌。士人生在穷乡僻壤，如果选拔上来，就会享有利禄；不是说他不能高贵显达，但他外来的风貌和内心世界会遭到破坏。所以我情愿希望大王让我回去，每天晚点吃饭，也像吃肉那样香，安稳而慢慢地走路，足以当做乘车；平安度日，并不比权贵差。清静无为，纯正自守，乐在其中。命我讲话的是您大王，而尽忠宣言的是我颜斶。”

这个故事是从《战国策·齐策四》写出来的。“安步当车”便是慢慢步行，以代替乘车，用来比喻人不贪求富贵，而能安于贫苦的意思。颜斶敢于反驳齐宣王，最关键的是他对齐宣王无所求，他既不求官职，也不求富贵，反而把富贵看成是束缚自己的枷锁。可见，减少、克制自己的欲望，就会变得心无所累，意无所牵，心情就会自然更加放松，更加舒畅。

随遇而安才是潇洒人生

语录

人生达命自洒落。

——《静心录之八·外集二》

【解读】

王阳明认为，对人生看得开才能活得洒脱。

人生中有许多事情是自己无法控制的，事情来了，是好是坏确实无法预知。儿孙自有儿孙福莫为儿孙作马牛，我们所做的就是随遇而安。

《老子》："祸兮福之所倚，福兮祸之所伏。"意义是福祸相依蕴涵着生活的辩证法。说明祸和福都是相对的。当人身处困厄之际应该想到希望，因为事物之间的关系是动态的，随着外在环境的变化和人的主观能动性的发挥，事物就有可能朝着有利的方向转化。在一定的条件下，福就会变成祸，祸也能变成福。老子说的这句名言，是很有道理的。

看待事情要全面，幸福时不要忘了失意时，乐观看待身边的灾祸与幸福。它们时时刻刻都是并存的。也可以理解为事在人为来激励自己，没有绝对的好与坏，只看你能否扭转乾坤。

其实塞翁失马焉知非福也有福祸相伴相生的意思，它就是为阐述老子"祸兮福之所倚，福兮祸之所伏"的祸福倚伏观服务的：

从前，有位老汉住在与胡人相邻的边塞地区，来来往往的过客都尊称他为"塞翁"。塞翁生性达观，为人处世的方法与众不同。有一天，塞翁家的马不知什么原因，在放牧时竟迷了路，回不来了。邻居们得知这一消息以后，纷纷表示惋惜。可是塞翁却不以为然，他反而释怀地劝慰大伙儿："丢了马，当然是件坏事，但谁知道它会不会带来好的结果呢？"果然，没过几个月，那匹迷途的老马又从塞外跑了回来，并且还带回了一匹胡人骑的骏马。于是，邻居们又一齐来向塞翁贺喜，并夸他在丢马时有远见。然而，这时的塞翁却忧心忡忡地说："唉，谁知道这件事会不会给我带来灾祸呢？"塞翁家平添了一匹胡人骑的骏马，使他的儿子喜不自禁，于是就天天骑马兜风，乐此不疲。终于有一天，儿子因得意而忘形，竟从飞驰的马背上掉了下来，摔伤了一条腿，造成了终身残疾。善良的邻居们闻讯后，赶紧前来慰问，而塞翁却还是那句老话："谁知道它会不会带来好的结果呢？”又过了一年，胡人大举入侵中原，边塞形势骤然吃紧，身强力壮的青年都被征去当了兵，结果十有八九都在战场上送了命。而塞翁的儿子因为是个跛腿，免服兵役，父子二人也得以避免了这场生离死别的灾难。

“人生达命自洒落”，这告诉我们不要沉溺于一时的得意，也不要对一时的失意过分在意，相反，越是得意的时候越要小心，越要低调，这样才能成就潇洒人生。

保持一颗平常心，不被世上的因缘所困

语录

万缘脱去心无事。

——《传习录·徐爱录》

【解读】

王阳明认为，不被人世间一切因缘所牵挂，心中就没有任何烦恼了。

一个真正了不起的人，自己心中永远没有伟大这个概念，但为什么我们总喜欢强调自己的存在？ 原因是我们不是以一颗平常心来对待，无法将功名利禄放下，将胜负成败看得太重，自然无法感受生命的真谛，生活也就变得并不轻松。

一个小沙弥问一位高僧："师傅，你悟道修行、修身养性有什么秘诀吗？"

高僧答道："有。"

"那么你的秘诀是什么呢？"小沙弥继续问道。

高僧答："我感觉饿的时候就吃饭，感觉疲倦的时候就睡觉。"

"可是，这算什么与众不同的秘诀呢？ 每个人都是这样啊。"

高僧答："当然是不一样的！ 他们吃饭时总是想着别的事情，不专心吃饭；他们睡觉时总是做梦，睡不安稳。 而我吃饭就是吃饭，什么也不想；我睡觉的时候从来不做梦，所以睡得安稳。 这就是我与众不同的地方。"

高僧继续说道："世人很难做到一心一用，他们在利害得失中穿梭，无法用一颗平常心对待浮华的宠辱，产生了'种种思量'和'千般妄想'。 他们在生命的表层停留不前，这是他们生命中最大的障碍，他们因此迷失了自己，丧失了'平常心'。 要知道，只有将心灵融入世界，用心去感受生命，才能找到生命的真谛。"

由此可见，无杂念的心才是真正的平常心。 这需要修行，需要磨练，一旦我们达到了这种境界，就能在任何场合下，保持最佳的心理状态，充分发挥自己的水平，施展自己的才华，从而实现完满的"自我"。

谈到修行，也需要保持一颗平常心，不能急功近利，否则就会犯"过犹不及"的毛病，最后也达不到修行的目的。

有一个学僧到法堂请示禅师道："禅师！ 我常常打坐，时时念经、早起早睡、心无杂念，自忖在您座下没有一个人比我更用功了，为什么就是无法开悟？"

禅师拿了一个葫芦、一把粗盐，交给学僧说道："你去将葫芦装满水，再把盐倒进去，使它立刻溶化，你就会开悟了！"

学僧依样葫芦，遵示照办，过不多久，跑回来说道："葫芦口太小，我把盐块装进去，它不化；伸进筷子，又搅不动，我还是无法开悟。"

禅师拿起葫芦倒掉了一些水，只摇几下，盐块就溶化了，禅师慈祥的说道："一天到晚用功，不留一些平常心，就如同装满水的葫芦，摇不动，搅不得，如何化盐，又如何开悟？"

学僧："难道不用功可以开悟吗？"

禅师："修行如弹琴，弦太紧会断，弦太松弹不出声音，中道平常心才是悟道之本。"

学僧终于领悟。

世间万事万物就是这样，也许我们拼命去追求，仍然达不到目的，相反，不想、不争，不经意间反而成功了。 的确，事物的发展有其自然的规律，有时并不是我们主观努力能达到了，不介入事物发展的过程，任其发展可能才是更好的。

三伏天，寺院里的草地枯黄了一大片，很难看。

小和尚看不过去，对师傅说："师傅，快撒点种子吧！"

师傅曰："不着急，随时。"

种子到手了，师傅对小和尚说："去种吧。"不料，一阵风起，撒下去不少，也吹走不少。

小和尚着急地对师傅说："师傅，好多种子都被吹飞了。"

师傅说："没关系，吹走的净是空的，撒下去也发不了芽，随性。"

刚撒完种子，这时飞来几只小鸟，在土里一阵刨食。 小和尚急着对小鸟连轰带赶，然后向师傅报告说："糟了，种子都被鸟吃了。"

师傅说："急什么，种子多着呢，吃不完，随遇。"

半夜，一阵狂风暴雨。 小和尚来到师傅房间带着哭腔对师傅说："这下全完了，种子都被雨水冲走了。"

师傅答："冲就冲吧，冲到哪儿都是发芽，随缘。"

几天过去了，昔日光秃秃的地上长出了许多新绿，连没有播种到的地方也有小苗探出了头。小和尚高兴地说：“师傅，快来看呐，都长出来了。”

可见，脱去万缘，保持一份超然的心态，遇事多往好处想，以宽容心对待他人，也许我们在芸芸众生中活得更精彩。

酸、甜、苦、辣都是人生的重要组成部分

语录

自视听言动以至富贵贫贱患难死生，皆事变也。事变亦只在人情里。

——《传习录·陆澄录》

【解读】

王阳明认为，除了自身的视听言动外，像富贵呀、贫贱呀、生死呀，这些都是事变。事变也蕴含在人情里。

人的一生如一年四季般，既不是只有春天，也不是只有冬天；既不是只有夏天，也不是只有秋天。人的一生也如天气一般，既有天晴的时候，也有刮风下雨的时候；既有炎热的时候，也有寒冷的时候。人生也是如此，有一帆风顺的时候，也有磕磕碰碰的时候；有好的时候，也有坏的时候，不如意事十之八九。酸、甜、苦、辣皆是人生，富贵贫贱、患难死生也在人情中，只不过落在谁的身上而已。看清这一点，我们遇事才不会慌张，才不会苦闷，才不会过分强求什么，一味地去苛求些什么。

庄子的妻子死了，惠子前往表示吊唁，庄子却正在分开双腿像簸箕一样坐着，一边敲打着瓦缶一边唱歌。惠子说："你跟死去的妻子生活了一辈子，生儿育女直至衰老而死，人死了不伤心哭泣也就算了，又敲着瓦缶唱起歌来，不也太过分了吧！"庄子说："不对。她初死之时，我怎么能不感慨伤心呢！然而仔细考察她开始原本就不曾出生，不只是不曾出生而且本来就不曾具有形体，不只是不曾具有形体而且原本就不曾形成元气。夹杂在恍恍惚惚的境域之中，变化而有了元气，元气变化而有了形体，形体变化而有了生命，如今变化又回到死亡，这就跟春夏秋冬四季运行一样。死去的那个人将安安稳稳地寝卧在天地之间，而我却呜呜地围着她啼哭，自认为这是不能通晓于天命，所以也就停止了哭泣。"

庄子以击鼓来庆贺妻子的死，在旁人看来不可理喻，在庄子看来是顺其自然，每个人都有可能遇到亲人离去这样的变故，以平常心对待自然不过了。

牛弘，字里仁，官至隋朝吏部尚书，古代名臣。他性格宽容厚道，总是专心致志地学习，即使职务繁杂，（但）书从来不离手。牛弘的弟弟牛

弼，喜好喝酒甚至酗酒，曾经酒醉中射杀牛弘驾的车前的牛。牛弘回家，他妻子迎接他说：“小叔子射杀了你的牛。”牛弘听说了这件事，一点也不感到奇怪，也不追问，直接说：“做成牛肉干。”（牛弘）坐定了，他妻子又说：“小叔子突然射杀牛。（我认为）是件非常异常的事。”牛弘说：“我已经知道了。”脸上神色自若，依然不停读书。

“月有阴晴圆缺，人有悲欢离合”，富贵贫贱、患难死生我们都没法主宰，人生的得失，没有必要太过计较，太较真了就容易受其影响，要像苏轼在《念奴娇·赤壁怀古》中所写的“人生如梦，一樽还酹江月”那样，放宽心胸，快快乐乐地去享受生活。

不当历史的罪人

语录

只为世上人都把生身命子看得来太重，不问当死不当死，定要宛转委曲保全，以此把天理却丢去了。

——《传习录·黄省曾录》

【解读】

王阳明认为，只是世上的人把性命看得太重，不问死得值不值，却一味地为了保全性命，委曲求全，反而丧失了天理。

生命只有一次，看重生命，这也是无可厚非的，但人终究要死，问题在于死得值不值得。王阳明的意思很明白，不能为了保全性命，而丧失了天理，这样活着不如死了值得。

南宋末年，文天祥在广东兵败被元军俘虏，并被带往北方囚禁，途中经过零丁洋，便写了“人生自古谁无死，留取丹心照汗青”这两句诗，意思是说自古以来，人终不免一死，但死得要有意义，倘若能为国尽忠，死后仍可光照千秋，青史留名。“我自横刀向天笑，去留肝胆两昆仑”，谭嗣同为了唤起民族觉醒甘愿为变法流血牺牲。

苏武是家喻户晓的西汉历史人物。天汉元年(公元前100年)时为中郎将的苏武受汉武帝之命，率百余人出使匈奴，送还被汉朝扣留的匈奴使者。到达匈奴后，由于匈奴内部发生谋反事件，副使张胜参与谋划，牵连到苏武。苏武认为“屈节辱命，虽生，何面目以归汉！”遂拔佩刀自刎，后经抢救，脱离危险。且单于佩服其有气节，想让他投降，对他进行了百般劝诱和威胁，但苏武誓死不降。单于又把他置于大窖中，不给饮食。时逢天降雨雪，苏武在窖中吞吃雪和毡毛，数日未死，匈奴人认为他有神灵保佑。单于迫降不成作为惩罚让他到北海(今贝加尔湖)无人之处放牧公羊，并告诉他只有公羊产子才能让他回归汉朝。苏武在北海，虽生活屡陷困顿，甚至掘野鼠窝，吃野鼠所藏草籽，但他“仗汉节牧羊，卧起操持，节旄尽落”，仍不降匈奴，被羁留长达十九年。“始以强壮出，及还，须发尽白”。班固赞苏武说：“孔子称：志士仁人，有杀身以成仁，无求生以害仁，使于四方，不辱使命，苏武有之矣”。

司马迁在《报任安书》中写道：“人固有一死，或重于泰山，或轻于鸿毛”，毛主席在《为人民服务》中对这句话做了进一步发挥：“为人们利益而死，就比泰山还重；替法西斯卖力，替剥削人民和压迫人民的人去死，就比鸿毛还轻。”诗人臧克家是这样阐释“生”与“死”的价值：有的人活着，他已经死了；有的人死了，他还活着。有的人，骑在人民头上：“呵，我多伟大！”；有的人，俯下身子给人民当牛马。有的人，把名字刻入石头想“不朽”；有的人，情愿作野草，等着地下的火烧。有的人，他活着别人就不能活；有的人，他活着为了多数人更好地活。骑在人民头上的，人民把他摔垮；给人民作牛马的，人民永远记住他！把名字刻入石头的，名字比尸首烂得更早；只要春风吹到的地方，到处是青青的野草。他活着别人就不能活的人，他的下场可以看到；他活着为了多数人更好活的人，群众把他抬举得很高，很高。所以，为国为民而死，比苟活可能更有价值、更有意义。

心静身才静

语录

是有意于求宁静，是以愈不宁静耳。

——《传习录·答陆原静书》

【解读】

王阳明认为，有意去寻求心里的宁静，这时候心里反而更加难以宁静。

王阳明认为，心的本体，原本是不动的。心不动，即便有三千烦恼丝缠身，亦能恬静自如。由于生活中充满了种种偶然与不测，我们平静的心情很容易受到外界事物的打扰。这时，我们往往习惯于用理性来控制自己的情绪，告诉自己不要动心，不能动心，实际上这个时候我们的心已经动了，我们所做的仍然无法保持心灵的平静，怎么办？王阳明告诉我们，要想保持内心的宁静，不是特意去控制它，也不是刻意去把握它，顺其自然，什么时候都知道自己的心，心自然而然就不动了。

苏东坡在江北瓜州地方任职，与江南金山寺只一江之隔，他经常过江和金山寺住持佛印禅师谈禅论道。

一日，自觉修持有得，撰诗一首，派遣书僮过江，送给佛印禅师印证，诗云："稽首天中天，毫光照大千。八风吹不动，端坐紫金莲。"

禅师从书僮手中接看之后，拿笔批了两个字，就叫书僮带回去。苏东坡以为禅师一定会赞赏自己修行参禅的境界，急忙打开禅师之批示，一看，只见上面写着"放屁"两字，不禁无名火起，于是乘船过江找禅师理论。

船快到金山寺时，佛印禅师早站在江边等待苏东坡，苏东坡一见禅师就气呼呼地说："禅师！我们是至交道友，我的诗，我的修行，你不赞赏也就罢了，怎可骂人呢？"

禅师若无其事地说："骂你什么呀？"

苏东坡把诗上批的"放屁"字拿给禅师看。

禅师呵呵大笑说："八风吹不动，一屁打过江。"

苏东坡惭愧不已。

失眠的人常常有这样感觉，每次为睡觉而烦恼，因为睡不着，经常强迫自己睡觉。为什么睡不着呢，其中的原因可能连他自己也说不出来。一般来说，睡眠不好，跟年龄有关系，随着年龄增大，身体状况会越来越差，睡眠功能越来越糟糕。就拿起夜来说吧，起夜次数越多的是年龄大的老人和婴儿。婴儿由于泌尿系统的相关器官没有发育成熟，容易起夜，这就是我们所说的尿床。而老人，完全是泌尿系统开始老化，对排尿的调控能力越来越差，容易起夜，但这些都属于自然现象，非常正常。除此之外，如果睡眠不好不外乎有三个原因：一是睡眠障碍症，这是一种病，可能是身体某个机能出现了问题，导致无法入睡。其他两个就是心理因素，一个是欲望太多，想法太多，心里有事，睡觉之前还在琢磨，怎么能入睡呢？另一个是强迫自己睡觉，对睡觉这种事情过于担心，导致心里负担太重，从而无法入睡。如果因为病，只能到医院去治疗了。如果因为欲望太多的缘故，则可以通过自己修炼，少点私欲，这样才能很好入睡。至于强迫入睡，则要掌握好入睡技巧，放松心情，顺其自然，能睡就睡，不能睡，就当闭目养神而已，这样自然慢慢地就会入睡。

人生在世操劳一生，许多时候我们在强迫自己做事，而不是遵循心灵的愿望去做自己喜欢的事，久而久之，我们无法保持一颗平静的心。如果我们转换生活的态度，知足常乐，不生非分之想，不起憎爱怨亲，去人欲、存天理，这样才能使内心始终处于安宁状态。

极静才能看得更远

语录

当极静时，觉此心中虚无物，旁通无穷，如长空云气，流行无所止极。

——《静心录之十·序说·序跋增补》

【解读】

王阳明认为，当人处于极静状态，便觉得心中没有任何杂念，什么事情都能想通看透，像天空中的云气一样，通行无阻。

王阳明的说法与道家讲究“清静”有异曲同工之效。老子曾说过：“致虚极，守静笃。”虚和静都是形容人的心境是空明宁静状态，但由于外界的干扰、诱惑，人的私欲开始活动。因此心灵蔽塞不安，所以必须注意“致虚”和“守静”，以期恢复心灵的清明。极、笃，意为极度、顶点。

万物都是由动而生，由静而归根。虽生生不已，但却终而无不归其本。树木春生夏长，秋收冬藏，终而落叶归根。天有天根，物有物蒂，人有本源，天下没有无根之事物。万物之根在何处？盖在将开未开、将动未动的静态之中。人与万物未生之时，渺茫而无象。既育之后，则生生不息，终有灭时。唯将生未生时的虚清状态，才是万物之本根。唯有收心归静，凝神于虚，养气于静，达到虚极静笃，自然万象皆空，一真在抱。人心的喜怒哀乐未发之时，就是人心之“复”。也就是《易经》所说的“复见其天地之心乎。”人应当常思复本的重要意义。如果真能经常致其虚极，守其静笃，即可与天地为一体，与万物为一身。那么，我之性体，可与天地并立；我身中之炁，可与万物并通。阴阳消长的规律，便掌握在自己的手中，大道在我身中的流行，便是自己胸中之妙。至此，返本复静之理便可得矣。

诸葛亮在《诫子书》这样对他儿子说：“夫君子之行，静以修身，俭以养德。非澹泊无以明志，非宁静无以致远。”其意是告诉自己的儿子想要成功就要心无旁骛的专心做一件事情，心里如果有杂念，就不能达到成功的境界。静是什么？是泰山崩于前而色不变、麋鹿兴于左而目不瞬，是大胸襟，也是大觉悟。“泰山崩于前而色不变”的意思是面对灾难、困难，不要害怕，其代表了一种意志、信心和坚持。“麋鹿兴于左而目不瞬”的意思是面对利诱、欲诱，不要动心，其代表了一种精神、操行和品格。人生在世，仕途、旅途、商途、生途难免会遇到权势、财富和美色的诱惑，在诱惑面前，如能洁身自爱，不与之同流合污，那是对操守的坚持，对德行的坚定。自重一点，那也是对自己身家性命和自由的爱护啊。想想官场上那些贪官，如王宝森、胡长清、成克杰、陈良宇之流，这些曾手握一方重权的高官，不是身陷囹圄，就是命赴黄泉。所以，风波起而泰然处之，诱惑近而坐怀不乱，就显得很重要。这需要高超的心智，也需要好的心态。在人们的内心深处，真正值得崇敬的恰恰是“泰山崩于顶而色不变”的沉稳镇定，是“麋鹿兴于左而目不瞬”的平静坚定。所以，有时候我们真的不需要太多的急功近利，不如将心跳放缓，慢慢地去享受生活。把心常放在静处，荣辱得失，哪一样能够左右我?

成功篇

要稳住人心、更要得民心

语录

人心，则杂于人而危矣，伪之端矣。

——《悟真录之一·文录四》

【解读】

“危”是“诡”的通假字，王阳明这句话的意思是人在社会交往中心理上容易受别人的影响，利益上容易受别人的左右，思想上容易受别人的支配，出于自我保护的本能需要，他们往往把真正想法隐藏起来。也就是说人心各有向背，离散不定，这往往是真相被掩盖的真正原因。

我们常说，得人心者得天下，失人心者失天下。古人文子曾经说过：“用众人所爱，则得众人之力，举众人之所喜，则得众人之心，故见其所始，而知其所终。”如果人心不稳，什么事情都办不成。

从前，吐谷浑国的国王阿豺有20个儿子。他这20个儿子个个都很有本领，难分上下。可是他们自恃本领高强，都不把别人放在眼里，认为只有自己最有才能。平时20个儿子常常明争暗斗，见面就互相讥讽，在背后也总爱说对方的坏话。阿豺见到儿子们这种互不相容的情况，很是担心，他明白敌人很容易利用这种不睦的局面来各个击破，那样一来国家的安危就悬于一线了。阿豺常常利用各种机会和场合来苦口婆心地教导儿子们停止互相攻击、倾轧，要相互团结友爱。可是儿子们对父亲的话都是左耳朵进、右耳朵出，表面上装作遵从教诲，实际上并没放在心上，依然我行我素。有一天，久病在床的阿豺预感到死神就要降临了，他也终于有了主意。他把儿子们召集到病榻跟前，吩咐他们说：“你们每个人都放一支箭在地上。”儿子们不知何故，但还是照办了。阿豺又叫过自己的弟弟慕利延说：“你随便拾一支箭折断它。”慕利延顺手捡起身边的一支箭，稍一用力，箭就断了。阿豺又说：“现在你把剩下的19支箭全都拾起来，把它们捆在一起，再试着折断。”慕利延抓住箭捆，使出了吃奶的力气，咬牙弯腰，脖子上青筋直冒，折腾得满头大汗，始终也没能将箭捆折断。

阿豺缓缓地转向儿子们，语重心长地开口说道：“你们也都看得很明白了，一支箭，轻轻一折就断了，可是合在一起的时候，就怎么也折不断。你们兄弟也是如此，如果互相斗气，单独行动，很容易遭到失败，只有20个人联合起来，齐心协力，才会产生无比巨大的力量，可以战胜一切，保障国家的安全。这就是团结的力量啊！”

儿子们终于领悟了父亲的良苦用心，想起自己以往的行为，都悔恨地流着泪说：“父亲，我们明白了，您就放心吧！”

阿豺见儿子们真的懂了，欣慰地点了下头，闭上眼睛安然去世了。

国王阿豺确实是一名比较高明的管理者，他非常明白，兄弟不和睦，人心不齐，这个国家迟早要毁灭。这样的例子还很多，如中国的“贞观之治”、“康乾盛世”，无不是当时的统治者采取了顺应民心做法，得到了人民的认可，才能开创盛世的局面。

做事情要顺势而为

王阳明语录

天下事虽万变，吾所以应之。

——《悟真录之一·文录一》

【解读】

王阳明认为，天下事虽然瞬息万变，我顺应潮流做出相应的对策。

世界万事万物瞬息万变，各种事物都是飞速发展变化着，如果不能审时度势，顺势而变，就很难适应社会的发展。真正的弄潮人绝不是刻板、墨守成规的，而是顺应时代的潮流，做出相应的对策，否则，任何违背时代潮流的人将会被那个时代所抛弃。康有为、梁启超这两位师生最后的遭遇就是一个很明显的例子。

康有为，作为戊戌变法的总设计师，当时与后世皆褒贬不一。他作为晚清社会的活跃分子，在倡导维新运动和领导戊戌变法时，体现了历史前进的方向。当他在民国初年为尊孔复古思潮推波助澜，与袁世凯同流合污，充当帝制复辟运动的精神领袖时，就站到了历史的对立面，从政治巨人蜕变为现实的侏儒。梁启超，与老师康有为有不一样的地方，他以“善变”闻名于世。从戊戌年的变法开始，到庚子勤王，再到创办《新民丛报》，宣传“新民”思想，为开启民智而奔走。辛亥革命后，他回国参与政治，两次讨伐复辟，再造共和。梁启超虽然没有成为辛亥革命的主角，但他毕竟跟上了历史的潮流，没有站在历史的对立面，对中国革命的发展做出了新的贡献。

有一个楚国人出门远行。他在乘船过江的时候，一不小心，把随身带着的剑落到江中的急流里去了。船上的人都大叫：“剑掉进水里了！”

这个楚国人马上用一把小刀在船舷上刻了个记号，然后回头对大家说：“这是我的剑掉下去的地方。”

众人疑惑不解地望着那个刀刻的印记。有人催促他说：“快下水去找剑呀！”

楚国人说：“慌什么，我有记号呢。”

船继续前行，又有人催他说：“再不下去找剑，这船越走越远，当心找不回来了。”

楚国人依旧自信地说："不用急，不用急，记号刻在那儿呢。"

船行到岸边停下后，这个楚国人才顺着他刻有记号的地方下水去找剑。自然是白费了好大一阵工夫，不仅剑没有找着，还招来了众人的讥笑。

这则寓言告诉我们，用静止的眼光去看待不断发展变化的事物，必然要犯脱离实际的主观唯心主义错误。随机应变、顺势而动，我们才能跟得上这个时代。

根据形势的变化而做出相应调整

语录

臣以为兵无常势，在因敌变化而制胜。

——《顺生录之三·别录三》

【解读】

王阳明认为，用兵打仗无固定刻板的态势，只有根据敌情的变化而采取适当的对策才能取得胜利。

“兵无常势”是指用兵打仗无固定刻板的态势，出自《孙子兵法·虚实篇》，其原文是：“夫兵形象水，水之形，避高而趋下；兵之形，避实而击虚。水因地而制流，兵因敌而制胜。故兵无常势，水无常形；能因敌变化而取胜者，谓之神。”意思是用兵的规律如同水的运动规律一样，水流的方向是从高往低。用兵原则是避开敌人坚实之处，攻击其空虚薄弱的地方。水的流向受地形高低不同的制约，作战取胜方法则依据敌情的不同来决定。带兵打仗无固定刻板的态势，似流水一般并无一成不变之形态。若能依据敌情变化而灵活处置以取胜，则可视之为用兵如神。向子云兵败桑植城就是一个很好的例子。

1932 年红军反围剿行动进入新的阶段，6 月，贺龙同志带领红二军团进入湖南桑植地区进行反围剿行动，虽然贺龙同志的红二军团只有 500 人，枪支弹药也不多，但是和当地群众一起进行革命，还是造成了很大的影响。这次革命行动惊动了当时在桑植“防匪”的国民党司令向子云。向子云看到贺龙军团兵少枪少，对其很不屑，只派了 500 兵力去讨伐。不料当头吃了一棒，500 兵力出去，回来的只有 200 人而已。如此的结果让向子云气得暴跳如雷，发誓一定要将贺龙活捉，消灭红二军团。于是，这回又派兵 3000 重新出发了。

红二军团看到向子云兵力如此之大，加上之前就已经消耗掉一半的弹药，感觉有点慌了。但是贺龙异常镇定，有条不紊地拿出地图研究应对办法。指挥员们看到司令临危不惧，仿佛吃了定心丸。贺龙看着地图研究半刻后，想出一个“请君入瓮”的妙计。当时，贺龙军队在北边，军营不远处有一个三面朝山的地势，恰巧天气昏暗，似乎要下暴雨了。只要将向子云 3000 大军引到这个地方，暴雨来临时，水淹就能击退大军。

于是，红二军团立马将贺司令的战术执行。向子云军队很快到达了赤溪河，遇上红军，打了一阵，没费多大劲，便把红军打“跑”了。向子云下令追击，红军且战且退，人数越打越“少”，连桑植城也“不敢进”，向子云大摇大摆地进了桑植城。向子云连忙向上报捷，夸海口说：“不日即可旋归。”

然而，他没有想到贺龙唱的是“空城计”，向子云的队伍正是中了贺龙的妙计。当向子云队伍全部进入贺龙设想的地域后，红二军团像从天而降，猛虎下冈般冲杀下来。如此阵势把向子云队伍吓坏了，士兵们到处乱逃。此时天空下起了暴雨，大雨滂沱，山洪暴发，向子云军队被山洪淹没，全军覆没。

作战没有千篇一律的战术和模式，任何机械刻板的、一成不变的僵硬化作战模式都是错误的，必定会导致失败。因为战场上的状态不是静止不变的，是动态的。分析和解决问题要以动态方案应对，根据即时情况灵活运用适当的战术才能取得战争胜利。贺龙这一仗，完全根据战场动态反应，随机应变，从而取得以弱胜强的战斗胜利。

国家治理与用兵作战一样，同样要遵守“因敌取胜”的原则。政治家要根据国家实时情况及时作出相应策略调整，这样才能实现国家健康快速发展。商场也如战场一样，强调的是根据市场形势的变化来做出抉择。战争方面这些规律同样可以适用于为人处世，要牢固掌握局势变化，当自己的主张与别人产生分歧时，要及时调整自己的策略，避免与他人发生正面冲突。这样既能办好自己的事，又能处理好与别人的关系，可谓两全其美。

准备得越充分越能成功

语录

故且示以久屯之形，正恐后之罪今，亦犹今，之罪昔耳。

——《静心录之一·文录一》

【解读】

王阳明说，所以我摆出架势告诉大家要长久地驻扎下去，但担心后人像我一样犯今天的错误，就如我今天犯了以前的过错一样。

要理解王阳明的这句话的意思，应该对前面的内容有所了解。前面他说，在前日的征剿的过程中自己没有提前做好准备，撤兵太速，导致今天的局面；所以我摆出架势告诉大家要长久地驻扎下去，但我担心后人像我一样犯今天的错误，就如我今天犯以前的过错一样。因为现在大家都已萌发了回家的念头，在此驻扎的时间肯定不长久。要避免出现这种局面，唯一的方法就是提前准备。《礼记·中庸》上写道："凡事豫则立，不豫则废。言前定则不跲，事前定则不困，行前定则不疚，道前定则不穷。"意思就是凡事预于先，谋于前，做足准备，往往能占据主动，确保事情的成功。否则，事发突然，或计划赶不上变化，往往让人手忙脚乱、穷于应付，甚至连可以避免的失误都避免不了，处处陷于被动之中。

有一个故事说，澳大利亚的一个草原上草儿长得特别好，来此放牧的羊群规模也越来越大。羊为了争夺食物，都不愿意落在后面，开始不断地往前奔跑，到最后，所有的羊只想吃到最前面的草而都朝一个方向不停奔跑，结果成批的羊一直跑到草原尽头的悬崖边缘并跳了下去——它们已经完全忘记了自己奔跑的目标是吃草，而把奔跑本身当作了目标。这里出现"吃草"与"奔跑"的错误，在于我们在"奔跑"之前，没有完全想清楚为什么要往前冲。事先没有弄清楚自己需要干什么，在执行过程中把手段当做目的，当然只会失败。

毛主席曾经讲过，不打无准备的仗。他在《论持久战》中这样解释"凡事预则立，不预则废"：没有事先的计划和准备就不能获得战争的胜利。从小的方面讲，如日常上班、开会必须提前到达；从大的方面讲，单位的生产运营、管理等各个方面工作，都应提前充分准备，不打无准备的仗。这样才能打胜仗，实现目标。

世界著名投资公司“软银”创始人孙正义，曾经在23岁时花了一年多的时间来想自己到底要做什么？他把自己想做的40多种事情一一列出来，而后逐一地做详细的市场调查，并做出了10年的预想损益表、资金周转表和组织结构图，40个项目的资料全部加起来足有10多米高。然后他又列出了25项选择事业的标准，包括该工作是否能使自己全身心投入50年不变、10年内是否至少能成为全日本第一，等等。依照这些标准，他给自己的40个项目打分排队，计算机软件批发业务脱颖而出。用十几米厚的资料做事前准备，将目光放在几十年之后，这样的深思熟虑，这样的周密规划，注定了他日后的成功。可见，孙正义的成功绝非偶然，而是一种必然，这其中关键因素，就是他在开始事业时充分细致的提前准备。

我们经常说，机遇总是光顾那些有准备的人。所以，多做一分，相应的风险就会减少一分，成功机会就会多一些。而没有准备的行动会让一切陷入无序，最终只能面临失败的局面。

攻心才是上上策

语录

为政不事威刑，惟以开导人心为本。

——《顺生录·王守仁年谱》

【解读】

王阳明认为，为政者不是靠权势、刑罚来做事，而是如何通过自己的行为来开导人作为根本。

真正的强者，震慑的是人的心理，而不是肉体。不是用自己的权势来压人，而是通过自己的行为来开导人，在人的心里造成很大影响，从而达到感化人的目的。征服别人最主要的目的，并不是要消灭肉体，而是要使人心服口服。“攻心为上”，是历代兵家克敌的有力武器。《孙子兵法》中有言“上兵伐谋，其次伐交，其次伐兵，其下攻城”，虽然没有“攻心”之说，实际上包含了攻心策略。尤其是杀人诛心，不仅是消灭肉体，更是征服别人的心。据说该成语出自于《后汉书·霍谞传》：“《春秋》之义，原情定过，赦事诛意，故许止虽弑君而不罪，赵盾以纵贼而见书。”这段话讲的意思是：《春秋》的主张，根据情由定过错，宽容事实惩罚动机，许止虽然杀君，但是无罪，赵盾虽然没有亲自杀君，但他是贼首，所以还是被定为杀君之罪。

面对激烈的竞争，我们更需要的是培养自己，而不是急于求成。办事沉稳、不怒自威更有可能使我们的对手甘拜下风，失去了反抗抵触的心理。

日本江户时期的一个著名的茶师，有一天他扮着武士的模样去京城办事。不想迎面走来一个浪人，向茶师挑衅说：“你也是武士，那咱俩比比剑吧。”

茶师说：“我不懂武功，只是个茶师。”

浪人说：“你不是一个武士而穿着武士的衣服，就是有辱尊严，你就更应该死在我的剑下！”

茶师一想，躲是躲不过去了，就说，你容我几小时，等我把主人交办的事做完，今天下午我们在池塘边见。

浪人想了想答应了，说那你一定来。

这个茶师直奔京城里面最著名的大武馆，他看到武馆外聚集着成群结队的前来学武的人。茶师分开人群，直接来到大武师的面前，对他说：

"求您教给我一种作为武士的最体面的死法吧！"

大武师非常吃惊，他问："来我这儿的所有人都是为了求生，你是第一个求死的。这是为什么？"

茶师把与浪人相遇的情形复述了一遍，然后说："我只会泡茶，但是今天不能不跟人家决斗了。求您教我一个办法，我只想死得有尊严一点。"

大武师说："那好吧，你就再为我泡一遍茶，然后我再告诉你办法。"

茶师很是伤感，这可能是他在这个世界上泡的最后一遍茶了。

他做得很用心，很从容地看着山泉水在小炉上烧开，然后把茶叶放进去，洗茶，滤茶，再一点一点地把茶倒出来，捧给大武师。

大武师一直看着他泡茶的整个过程，他品了一口茶说："这是我有生以来喝到的最好的茶了，我可以告诉你，你已经不必死了。"

茶师问："您要教给我什么吗？"

大武师说："我不用教你，你只要记住用泡茶的心去面对那个浪人就行了。"

这个茶师听后就去赴约了。浪人已经在那儿等他，见到茶师，立刻拔出剑来说，你既然来了，那我们开始比武吧！

茶师一直想着大武师的话，就以泡茶的心面对这个浪人。

只见他笑着看定了对方，然后从容地把帽子取下来，端端正正放在旁边；再解开宽松的外衣，一点一点叠好，压在帽子下面；又拿出绑带，把里面的衣服袖口扎紧；然后把裤腿扎紧……他从头到脚不慌不忙地装束自己，一直气定神闲。

对面这个浪人越看越紧张，越看越恍惚，因为他猜不出对手的武功究竟有多深。对方的眼神和笑容让他越来越心虚。

等到茶师全都装束停当，最后一个动作就是拔出剑来，，把剑挥向了半空，然后停在了那里，因为他也不知道再往下该怎么做了。

此时浪人噗通就给他跪下说，求您饶命，您是我这辈子见过的最有武功的人。

《孙子兵法·谋攻篇》："凡用兵之法，全国为上，破国次之；全军为上，破军次之；全旅为上，破旅次之；全卒为上，破卒次之；全伍为上，破伍次之。是故百战百胜，非善之善者也；不战而屈人之兵，善之善者也。"做一个强者、智者，不需要豪言壮语，只需要不怒自威的气势。茶师就是凭借自己的那种气势，不战而让浪人屈服了。

重在行动

语录

未有知而不行者。知而不行，只是未知。

——《传习录·徐爱录》

【解读】

王阳明认为，所有知道的都是通过行动获得的。知道而没有行动并不算是真正了解。

“有付出才会有回报”，所有的事情只有经历过，才能了解其中的深意，否则，只能算是听说而已，算不上真正的了解。王阳明经常用“写字”来阐述“知行合一”的关系，他说：“我要写字”是“知”，而提笔写就是“行”，想知道一个字如何写，就必须付与行动，有了行动后才知道字怎么写，这才有了“知”。行动是我们认识和了解事物的关键，也是我们获得成功的必经之路。

一天，有一位修行者专程来到山中拜访禅师，请教有关禅的事情。

禅师却避而不答，反问他：你到这里之前，经过一个山谷吧？

是的，我曾经过一个山谷。你可听到山谷的声音？听到了！那么，从听到山谷声音的地方进去，就是通往禅门之路了。

在人类还没有发明文字之前，天地间早已运行着真理。文字只能做有形的表达，而无法使人深入地了解，只有亲身体验才能了解其真正的涵义。只有了解了原来的意思，再去接触语言文字，才能够真正的理解。这就是禅门不立文字的真谛。如何亲身体验禅呢？那就是参悟。参就是参与，即进入角色。悟者觉也。左从心，右五口也。哪五口，眼、耳、鼻、舌、身也。通过五口，与外界的交流与融合，再透过这个意门，从而达到心灵地觉醒。于无声处听惊雷。你领略到这无言的声音了吗？

禅师的话说得很明白，参禅必须全身心的参与，这样才能真正领悟其中的奥妙。

不仅参禅如此，而对孩子的教育也是这样。传统教育中一条重要原则不仅强调知，更强调行动的重要性，四书五经中《中庸》说得好：“君子遵道而行，半途而废，吾弗能已矣。“简单的意思是说：有一些人道理听明白了，遵道而行了，却因为气力的原因，结果就半途而废了，而我（孔子）却不会停下来。孔子曾经在《论语》中承认：自己在识人方面有过失误。他说自己起初在察人的时候，是听其言，信其行。后来纠正了这个观点，对一个人的认识，要听其言，观其行。我们通常都会犯这样的错误：一是喜欢聪明的人，而不太喜欢相对较笨的人。二是喜欢通过一个人的语言，来判定这个人是聪明还是愚笨。这样识别人、断定人，往往会造成很大的误判。看一个人语言的表达、思想上的认识是一个方面，但更重要的，还要看行动上是不是得力，是不是能佐证其思想、意识。不能简单地凭一个人语言的表达，来断定一个人的好坏智愚。一个真正有成就的人，不仅仅是思想上明白的人，同时往往也是实施行动的人。但有时我们常常犯这样的错误：知道了知道了，但就是不行动。对别人、对外物，我们常常实行的是听其言，信其行；对自己呢，则常常是讲其言，不去行。所以在生活中，我们就有了三个欺：自欺、欺人、被人欺。确实无论想得有多深、想得有多妙，如果不能转换在行动上，那是一点意义也没有的。正如一个不会游泳的人，无论他写出多么高深的游泳理论、教材，这样的理论与教材，也是没有用的。

"愚公移山"这个众所周知的故事，从知行的观点来看，愚公的愚——愚在没有搬家，而是搬山；智叟的智——智在他确实有理由，认为这样的搬山行为是愚蠢的。但是反过来讲，最后的结论证明：愚公不愚、智叟不智。那是因为愚公的聪明在于行动，而智叟的愚表现在光是脑袋灵光、嘴皮滑溜，却没有行动。所以讲，不要光是停留在思想上、意识上的智，也不要仅仅是停留在嘴头上的知，要把思想上、意识上、嘴头上的智与知转化成行动上的智，这才是聪明人的做法。

磨盘只在转动时才能磨面；风车只在转动时才能发电；人，只有在行动的过程中才能获得成功、创造奇迹。想要把握千载难逢的机会，不能只靠嘴巴，要靠行动，有行动才能有机会，没有行动，一点机会也没有。

不要怕吃苦

语录

如人走路一般，走得一段方认得一段；走到歧路处，有疑便问，问了又走，方渐能到得欲到之处。

——《传习录·陆澄录》

【解读】

王阳明认为，精进天理就好像人走路一样，走完一段，才知道这段路的情况；走到有岔路的时候，有了疑问便要问人，问了人以后再继续走，慢慢地才走到自己想要去的地方。

人生是一个过程，航行在人生之船上，可能会经历波涛汹涌，也会感受风平浪静。喜悦和幸福充斥在航行的途中，苦难和挫败也与航行相伴，只有亲身经历、体验、超越那苦的感觉，才能真正体会到喜悦的味道。有首名叫《水手》的歌这样写道："他说风雨中这点痛算什么，擦干泪不要怕至少我们还有梦；他说风雨中这点痛算什么，擦干泪不要问为什么？"苦是乐的源头，乐是苦的归结。吃得苦中苦，方为人上人。

"自古英才多磨难。"回顾历史，我们会发现，许多名人志士都很注重在逆境中培养自己坚忍不拔的意志。朱元璋出生在贫苦农民家庭。他在很小的时候，以给大户人家放猪放牛为生，吃尽了苦头。1344 年，淮北发生了严重的旱灾和虫灾，疾病到处流行。在这场劫难中，朱元璋的父母和长兄都先后病死，饿死。16 岁的朱元璋靠乡邻的帮助，草草埋葬了亲人之后，孤苦无依的他只好到附近的皇觉寺当了小和尚。不久，灾情越来越重，寺庙中的和尚也不得不外出讨吃就食。朱元璋入寺后不到几个月，就被打发出去，做了游方僧。他云游四方，到处乞讨，山栖野处受尽了风霜之苦；但同时也使他了解到民间疾苦，增长了社会见识。吴承恩出生于一个破落的书香世家，他曾多次参加科举考试，但一直很不顺利，中年后始执笔写《西游记》。清代著名作家曹雪芹，出身官宦世家，但家庭的衰败让他饱尝了人生的辛酸，但他不改其志，以"富非所望不忧贫"的座右铭来激励自己，在人生最后十几年里，以坚韧不拔的毅力，创作出了不朽的著作《红楼梦》。孔子的高徒颜回，家境贫寒，屋舍破陋，卧在席上只能蜷着身子，他处在这样的逆境里却"自得其乐"，学有所成。孔子赞扬他是一个“士志于道而不胜恶衣恶食者”。这些名人之所以能取得巨大成就，与他们在艰苦环境中的磨砺分不开。放眼现实，我们又何尝能丢掉吃苦的精神呢？正如孟子所言：“天将降大任于斯人也，必先苦其心志，劳其筋骨，饿其体肤，空乏其身。”只有经历了艰难困苦之后，才能真正树立起面对困难的信心。“不经一番冰霜苦，哪得梅花放清香”。这是我国著名的表演艺术家俞振飞老先生在向演员们传授技艺经验时说的话，也是他发自肺腑的感受。确实，老先生走过的是一条不平凡的艺术道路，在这崎岖的小路上，他洒下了辛勤的汗水，付出了艰苦的劳动，费尽了毕生的心血。他也是经过一番“冰霜苦”，才终得“梅花放清香”！

逆境对人的发展不利，但能磨砺人的意志和心性。在人生的旅程中，天空不只有蔚蓝，水不只是澄清，云朵不只是白色，风不是永远那么柔和；草木不只有碧绿，花儿不会永远绽开。从“充满希望”到“夕阳西下”，如果大家都换一种眼光去看待生活的坎坷与磨难，也许会发现，吃苦是人生道路上的一种幸福！磨难更是一笔财富。

做人做事要走正道

语录

世之人从其名之好也而竞以相高，从其利之好也而贪以相取，从其心意耳目之好也而诈以相欺，亦皆自以为从吾所好矣，而岂知吾之所谓真吾者乎！夫吾之所谓真吾者，良知之谓也。

——《悟真录之一・文录四》

【解读】

王阳明认为，世上的人，有的借他人的名声来拔高自己，有的见有利可图就想去获取，有的投其所好而去诈取，都认为自己所作所为都听从我的教诲而来的，然而他们眼中的我，并不是真正的我，我所倡导的是讲良知、讲正道。

这个社会上，各种各样的人都有，有的为了达到自己的目的，真的是不择手段。有的借他人的名声来拔高自己，有的见有利可图就想去获取，有的投其所好而去诈取，等等，各种手段都有，最缺的就是不从正道获取。

汉武帝时，公孙弘矫饰善变，朝廷上下，众所周知。有一次，汲黯实在看不惯他的矫情做作，直言对皇帝说："公孙弘位在三公，俸禄很高，却盖一床布被，这不明摆着在骗人吗"？皇上就以此事问公孙弘，弘说："实有此事，不过每个人做事，都有自己的目的和原则。我记得管仲坐齐国之相，有三归之台，奢侈豪华超出了一般国君；齐桓公做霸主，也僭越了礼数。晏婴为齐国之相，一顿饭从不吃两种以上的肉菜，妻妾也不穿丝织品，齐国不也治理的很好吗？我身为三公，而盖布被，实在是有损汉官威仪。汲黯对我的忠告很对，他真是个大忠臣，要是没有汲黯对皇帝的忠诚，陛下您哪能听到这样的真话呢？"

公孙弘这种节俭律己伪善做法，给他博得了好名声，世人夸他贤明。当然，也有人为此而丢掉了性命。孔子曾经这样说子西："不受功利所左右，才能胸怀宽广；保持本性而不动摇，才能保持住纯洁的品行。内心不正直，做事也就不能正直；内心正直，做事才能正直。子西恐怕还是难以避免灾祸。"后来，楚国发生内乱，楚国的大夫白公逃到了吴国，子西把他召回楚国了。不久之后，子西却发动叛乱，结果被杀。

事实上，人生的规则也正是如此奇妙，不在实处下功夫，迟早会吃大亏。有一个书生因为像晋人车胤那样借萤火夜读，在乡里出了名，乡里的人都十分敬仰他的所作所为。一天早晨，有一人去拜访他，想向他求教。可是这位书生的家人告诉拜访者，说书生不在家，已经出门了。来拜访的人十分不解地问：“哪里有夜里借萤火读书，学一个通宵，而清晨大好的时光不读书却去干别的杂事的道理？”家人如实地回答说：“没有其他的原因，主要是因为要捕萤，所以一大早出去了，到黄昏的时候就会回来的。”

要敢于去尝试

语录

哑子吃苦瓜，与你说不得。你要知此苦，还须你自吃。

——《传习录·徐爱录》

【解读】

王阳明认为，哑巴吃苦瓜，他自己说不出来苦到什么程度。你要知道苦到什么程度，还需要自己去吃。

我们总说，世上没有一蹴而就的事情，成功需要在尝试中总结，在尝试中前进。当面对机会时，只有经过尝试了，才知道能不能抓住，就算没有成功，但可以对自己的程度有了更进一步的了解；当面对新事物时，只有经过尝试，才知道是怎么回事，具体了解清楚。尝试其实是一个不断接触、体验的过程，很多事情并不是在最初就可以看到、预料到的，尝试可以改变甚至创造一个结果，而我们在不断尝试时，也是在不断学习，认识到更多要用亲身体会才可以明白、了解的东西。所以，尝试很重要，我们就是伴随着一个又一个尝试长大和认识这个世界的。小马过河很能说明这个问题。

小马和他的妈妈住在绿草茵茵的十分美丽的小河边。除了妈妈过河给河对岸的村子送粮食的时候，他总是跟随在妈妈的身边寸步不离。他过的很快乐，时光飞快地过去了。有一天，妈妈把小马叫到身边说："小马，你已经长大了，可以帮妈妈做事了。今天你把这袋粮食送到河对岸的村子里去吧。"

小马非常高兴地答应了。他驮着粮食飞快地来到了小河边。可是河上没有桥，只能自己淌过去。可又不知道河水有多深呢？犹豫中的小马一抬头，看见了正在不远处吃草的牛伯伯。小马赶紧跑过去问到："牛伯伯，您知道那河里的水深不深呀？"

牛伯伯挺起他那高大的身体笑着说："不深，不深。才到我的小腿。"小马高兴地跑回河边准备趟过河去。他刚一迈腿，忽然听见一个声音说："小马，小马别下去，这河可深啦。"小马低头一看，原来是小松鼠。小松鼠翘着她的漂亮的尾巴，睁着圆圆的眼睛，很认真地说："前两天我的一个伙伴不小心掉进了河里，河水就把他卷走了。"

小马一听没主意了。牛伯伯说河水浅，小松鼠说河水深，这可怎么办呀？只好回去问妈妈。

马妈妈老远的就看见小马低着头驮着粮食又回来了。心想他一定是遇到困难了，就迎过去问小马。小马哭着把牛伯伯和小松鼠的话告诉了妈妈。妈妈安慰小马说："没关系，咱们一起去看看吧。"

小马和妈妈又一次来到河边，妈妈这回让小马自己去试探一下河水有多深。小马小心地试探着，一步一步地淌过了河。噢，他明白了，河水既没有牛伯伯说的那么浅，也没有小松鼠说的那么深。只有自己亲自试过才知道。

确实，有时事情往往远没有一开始时坐在那里想的那么可怕。尝试的后果，不是生命的消失，可能是新的生命的延生。在现实生活中我们可能会发觉"看着很黑"，但是走下去"未必如此"，往往是走到黑暗"近"处的时候，才会发现原来并不太黑，甚至根本就是"亮"的。这不仅是自然界的一种情形，在人的事业、爱情、家庭、金钱和人际关系等等方面也是如此。坐在那里想，越想越可怕，坐在那里看，越看越黑暗。如果我们能够尝试着向前走，不畏艰难和黑暗去进行尝试，我们就会发现，其实并没有什么可怕的问题。

人生的一切领域，都可以去"尝试"，绝不要单纯去"想"，去"等"，去"盼"，不试怎么知道？另外，任何事物都是从"量变到质变"，尝试就是"探量"，在量上做文章，而且量也是在积累的，随着这种积累的增加，才能达到质变，事情或许会出现转机。有点希望，就继续干。尝试的另外一个表现，就是"接触"。谈恋爱也好，竞争也好，合作也好，都是与人在进行接触。故此，与人进行的事，最重要的就是要进行"接触"。只有进行了接触，才可以了解某种东西，才可以知道它的"秉性"。优势和劣势，接触后才知。知之才能战胜，战胜才能把握，把握才能决定取舍。因此，仅仅想是没有用的，关键是动，关键是尝试，关键是接触——好人坏人都去接触一下。看看如何？试试怎样？未尝不可。

当然，尝试必须有实力保全，必须是可以控制的。"摸着石头过河"，强调的要在确保自己安全的情况下进行。生命只有一次，如果尝试的后果是生命的消失，也就不是尝试，而是无谓的冒险，无谓的牺牲，与我们所说的"尝试"是格格不入的。

问题越多了解得越细

语录

问难愈多，则精微愈显。

——《传习录·钱德洪录》

【解读】

王阳明认为，问题越多，精要、细微之处越了解。

庄子曾说过："吾生也有涯，而知也无涯。"问题越多，了解得越细就越知道自己还有多少不太知道。

有人问爱因斯坦，说："您可谓是物理学界空前绝后的人才了，何必还要孜孜不倦地学习？ 何不舒舒服服地休息呢？"爱因斯坦并没有立即回答他这个问题，而是找来一支笔、一张纸，在纸上画上一个大圆和一个小圆，说："目前情况下，在物理学这个领域里可能是我比你懂得略多一些。 正如你所知的是这个小圆，我所知的是这个大圆。 然而整个物理学知识是无边无际的，对于小圆，它的周长小，即与未知领域的接触面小，他感受到自己的未知少；面大圆与外界接触的这一周长大，所以更感到自己的未知东西多，会更加努力去探索。"

我们一直讲"无知者无畏"，说的是对某个事物了解不够深刻，对相关内容的研究，只停留在肤浅的地步，自然就无法提出看法。 王阳明认为，在学习中问的问题越多，说明他的学问就会更加精细。 由于可以探索的问题更多，在自己看来，是多么的无知，因而觉得需要学习地方越来越多。

从前有一个小和尚，他离开家乡到处寻找名师，想得到一些真正的修为。 后来，他终于找到了一位高僧；并恳求师父收他为弟子。 高僧见他一片诚心，又天资聪慧，便收下了他。 两年后，小和尚自以为学到了很多东西，得到了师父的真传，便不想再继续跟着师父参禅拜佛了，于是就向他的师父辞行，要下山去。 高僧明白小和尚的心思，他并没有阻拦小和尚下山，而是让小和尚拿来一个钵子，然后让他往里面装一些石头，装满为止。

高僧问小和尚："钵子装满了吗？"

小和尚答："满了，再也装不下什么东西了。"

高僧便抓了一把芝麻撒进去，然后晃了晃钵子，芝麻一会儿就不见了，接着高僧又抓起一把芝麻撒进去，晃了晃钵子，芝麻又不见了。

“钵子装满了吗？”高僧再次问小和尚。

小和尚惭愧地告诉师父：“看上去满了，可是还能装下很多东西。”

这时，高僧又取来一只杯子，让小和尚往里面倒水。小和尚看杯子满了，就想停止倒水。

高僧却说：“不要停，继续倒。”结果钵子倒满了水后，多余的水都溢了出来。

高僧这时候才让小和尚停止倒水，然后问他：“满了还装得下别的东西吗？”

小和尚明白了师父的一片苦心，请求师父原谅他的无知。

认真过好当下这一刻

语录

你萌时，这一知处便是你的命根，当下即去消磨，便是立命工夫。

——《传习录·钱德洪序》

【解读】

王阳明认为，你对私欲萌动之初的了解，就是你学业的命脉所在，立刻就去消磨掉它就是你精神寄托的功夫。”

我们常说，“天有不测风云人有旦夕祸福”。人活着，每一个日子都可能是最后的日子。谁也无法保证自己今晚脱下的鞋子在第二天就一定能穿的上。所以，自己拥有的时光也就是当下，是眼前。

那么认真过好当下，认真抓住眼前，就是抓住了幸福。能做的事情当下不做，说等一下，说不定就没有机会了。有时候就在说“等一下”的时刻，就成了永远的遗憾。

这是一件很悲惨的事情。在十年前，离家不远的邻居大妈在早早起来给儿子做熟饭的时候，和儿子说，让儿子稍稍等一下，给儿子做的布鞋还剩下几针，马上就好。儿子脚上的鞋子已经破的不能再穿了。儿子吃完饭见鞋子还没有做好，就说，不等了，明天再穿，今天先将就一下。大妈让他再等几分钟，他说明天吧，不在乎这么一天，将就一天吧，不就一天嘛。就这样，他穿了前露脚趾后露脚跟的鞋走了。到了傍晚，突然听见外面一片嘈杂，加上惊天动地的嚎哭。这是怎么了？原来邻居大妈的儿子出事了。他在进城的过程中，不幸被车撞死了。面对这从天而降的大祸，人们都很痛惜。大妈手里拿着那双崭新的布鞋，对着儿子血肉模糊的尸体，哭的死去活来。

同样的，一位先生的太太过世了，在他整理太太的遗物时，发现了一条崭新的好看的丝质围巾。这条围巾是先生和太太出去旅游时买的，太太特别喜欢，总是想找一个特殊的有意义的日子再用它。可是没等到有什么特殊的有意义的日子，所以这条围巾太太一直没有用过。先生拿出来时上面的牌子还在。

我们总是在等待，等待。可是好多的事情就在等待的时候很遗憾地错失了，徒留伤悲。想做一件事情，就抓紧时间去做吧：想去探望一个人，就抓紧时间去探望吧；想哭，就流泪；想笑，就张嘴笑；爱一个人，就大胆告诉他，自己爱他……所有的事情，只要是自己想的，就去付诸行动吧，不要等，很多的时候等不起。

人生里，每一个日子都可能是最后的日子。一旦错过，再回头就不是原来的样子。“濯足急流，抽足在入，已非前水”。每一件事情，如果再去做的话，就不是原来的样子。明天的太阳，不是今天的日期。

我们要以敏锐的心过每一天，认认真真的、开开心心的过每一天。更要用心对待他人，善待他人，给别人我们力所能及的一切，这就是幸福的日子了。

所以，从现在起，每一天的清晨，请设定闹铃按时早起。睡醒的时候，不要着急马上睁眼起床，更不要睡意蒙眬贪恋被窝，而是应该主动暗示自己要进入清醒的状态，在心中默默沉静而自信地告诉自己：“新的一天开始了，我要珍惜好今天。”每一天对你遇到的人都请保持微笑、礼貌和善意的问候。主动跟别人打招呼、主动向别人问候。无论是谁，只要帮助了你，别忘了说声“谢谢！”正视对方的眼睛，面带真诚的微笑，传递你的温暖和友善。

做事情最怕认真二字

语录

吾始学书，对模古帖，止得字形。后举笔不轻落纸，凝思静虑，拟形于心，久之始通其法。既后读明道先生书曰：“吾作字甚敬，非是要字好，只此是学。”既非要字好，又何学也？乃知古人随时随事只在心上学，此心精明，字好亦在其中矣。”

——《顺生录·王守仁年谱》

【解读】

王阳明认为，我开始学书法时，只是对着古帖临摹练习，这样练来练去，只学得个字形相像，内在的神意却毫无所得。后来我改变了学习方法，举笔不再轻易落纸，而是凝神静虑，先在心中想象要写之字的形态气势，这样练习久了之后才开始通达书法之道。后来读到明道先生（即程颢）写道：“我写字的时候很恭敬，并不是要字写得好，只是这个恭敬的态度就是学习。”既不是要字好，又为什么要去学呢？通过自己学习书法的例子，我于是知道古人不论什么事情，随时都在心上学习，等到心精明透彻了，字自然也就写得好了。

这个世界其实很公平，你付出了多少，你得到的就是多少，你付出得越多，得到的也就越多。相反，如果你应付了事，那你得到的也成对比。

在韩国的一所学校里，有这样一位老师：他每天都要求学生把当天所学到的知识从头到尾抄写八遍，而自己却很少对作业进行检查。开始大家都积极地完成，但后来同学们渐渐松懈下来，有的只抄三四遍来敷衍了事，甚至有更胆大的同学得知老师要检查才匆匆赶写以应付。

转眼到了学期末，老师突然决定对整个学期的作业进行全面检查，结果发现全班只有一个人是从头到尾、一丝不苟、不打任何折扣地完成了那份作业，这个人就是后来的联合国秘书长——潘基文。

潘基文虽然也觉得这份作业枯燥至极，但他发现在抄写作业的过程中，每抄一遍自己就会对所学到知识有更新或更深的理解，这样在一遍遍重复中不断熟悉和充实。于是他不再把这枯燥的作业当做是无聊的任务，而是更深地领悟到人生其实也是一所学校，命运同样会给我们布置一份份简单重复的作业。靠着这种认真完成作业的态度，他成就了自己人生的传奇。

无独有偶，系山英太郎，一位在日本政商界呼风唤雨的显赫人物，他白手起家，30岁即拥有几十亿元资产，经营18家公司，32岁时成为日本史上最年轻的参议员。1996年，他退出政坛，返回商界。系山英太郎这样总结其人生哲学——我做股票时就专心做股票，吃饭时专心在食物上，睡觉时就好好睡觉。我总是倾注100%的热忱，认真投入当下所做的事情，毫无杂念，尽力而为，剩下的就“尽人事，听天命”。不论遇到什么情况，我都相信将来必然成功，不愉快的事立刻抛诸脑后。我关注社会的所有动态，因为它们都关系到我的投资活动。我很喜欢“终身学习”这句话，碰到不懂的事情，我不会搁着不管，反而会拼命去寻求解答。

1957年，毛主席访问前苏联时，对数千名中国留苏学子讲了一句话：“世界上怕就怕‘认真’二字，共产党就最讲认真”。如之看来“认真”可谓是一件法宝，是解决一切问题的灵丹妙药！

认真是什么？是一种态度，是行为过程，也是一个解决问题的方式方法。

认真是一种态度。这种态度要求我们解决问题时一定要亲自探究到“真”，即不满足于道听途说、专家说；也不满足于一知半解、经验说，必须事事要自己认识到“真”。这种态度最大的敌人是懒惰、马虎、满足和骄傲，在解决问题的工作中，假如不认真，具体工作者不足以正确的解决问题，当事管理者则更将面临失控的局面。孟子说：“君子之道，以其昭昭使人昭昭，不能以其昏昏使人昭昭。”遇到问题，没有解决经验的人要讲认真，有解决经验的人更要讲认真。没有解决经验的人，遇到新问题，往往还比较谨慎、没有窠臼，相反更容易认识到客观规律和真相；有解决经验的人，遇到老问题，往往更容易先入为主、浅尝辄止。

认真是行为过程，就是调查研究。毛主席强调，调查研究本身就是解决问题，调查研究做好了，就离真正解决问题不远了。认真在这里最大的敌人是经验主义和拿来主义，这两个主义都容易让人忽视、忽略解决问题之前的“认真”环节！毛主席讲“没有调查就没有发言权”，连发言权都没有就更谈不上解决问题的权力了，可见在解决新老问题的环节中，是必须要有一个调查研究的过程的、必须要有一个认真的过程的！

认真是解决问题的方式方法。要想解决问题，一般无外乎“有章循章、无章循例”，但对个人来说，我们往往会遇到些无章无例、超出自己所认知的问题，有时还会出现外行指挥内行现象。这时我们就应该拿起“认真”这个武器！把问题摊开来、摆出来，一个一个的去搞清楚，从基本原理、基础规律、客观真相中去寻找答案；只要用好了这个武器，就完全可能外行干出比内行更内行的事情。认真，可以让我们从纷繁复杂的问题中找到一个最正确、最清晰的路径，可以帮我们明确具体问题，可以帮我们把大无限的问题拆解为一个个可以作为的问题。一旦我们认了真，就必能搞清楚具体事物的“原理、规律和真相”，实事求是，我们就可以把握得住解决问题的精髓，就可以从纷繁复杂、无所作为、乱作为中脱离出来，就离解决问题不远了。

当然，实际工作中，有些人把干工作的出发点定位在对自己有没有实惠上，有好处就主动筹划，认真落实，想让他“不认真”都难得很；如果感到对自己没有好处或者好处不多，就认真不起来，即使反复督促也是拖拖拉拉，工作不再在“状态”，事情没有进展。也有一些人未必不知道“认真”的重要性，而是怕得罪领导，影响个人成长进步；怕得罪他人，影响同志关系，在办事过程中畏首畏尾，敷衍了事，始终认真不起来，导致有的工作走了过场，起不到应有的效果。所以，毒奶粉、毒胶囊等食品安全的事故屡禁不绝，而豆腐渣工程造成的安全事故时有发生，贪污腐败的事件防不胜防，等等，其最主要的就是缺乏“认真”二字，如果我们在学习工作中狠抓认真，也绝不会出现这么多“意外”。

有问题先从自己身上找原因

语录

学须反己。若徒责人，只见得人不是，不见自己非。若能反己，方见自己有许多未尽处，奚暇责人？

——《传习录·丸川录》

【解读】

王阳明认为，做学问应该反身自问。假若光知道一味苛责别人，眼睛就会只盯着别人的不对，而看不到自己的错误。如果能反过头来要求自己，才能发现自己原来还有许多做得不够的地方，哪里还有时间去责备别人呢？

我们喜欢议论别人，对别人能够明察秋毫，而对自己却不能有个清醒的认识。越是喜欢议论别人的人，他本身也就存在着许多缺点，他们从不正视，不作自我批评。越是这样，缺点越是得不到改正，长此以往，缺点就会越来越多，到头来对自己没什么好处，对他人来讲也不会有什么好的影响。“正己才能正人”，不能律己，又何以要求别人呢？我们常说，“一个巴掌拍不响”，遇到问题首先从自己的身上找原因，看看是自己哪里做错了。一个不善于反省自己过错的人，总是想把过错推给别人的，最后的结果只能使事情变得更加糟糕。

唐太宗李世民能够开创“贞观之治”的盛世景象，很大程度是他那种善于发现并敢于承认自己的过失。他曾问魏征：“人怎样才能不受骗？”魏征说：“兼听则明，偏信则暗。”唐太宗深以为然。在魏征与唐太宗合作的17年里，魏征给唐太宗提了几百条意见，唐太宗基本上都采纳了。在唐太宗治国的日子里，魏征可谓是一位敢于进谏的功臣。一代雄主唐太宗曾这样评价魏征对自己的批评，他说“以铜为镜，可正衣冠；以古为镜，可知兴衰；以人为镜，可观得失。”正是倚助魏征等忠臣的当面进谏，唐太宗改正了自己的许多缺点，完善了治国之道，迎来了国家的空前繁荣。

先从自己身上找原因是一次自我解剖的痛苦过程，它就像一个人拿起刀亲手割掉身上的毒瘤，需要巨大的勇气。认识到自己的错误或许不难，但要用一颗坦诚的心灵去面对它，却不是一件容易的事。作为最高统治者的李世民能够这样，一般人更应该如此。孔子说：“君子之过也，如日月之食焉。过也，人皆见之；更也，人皆仰之。”意思就是君子的过错就像日食和月食，人人都看得见，但是改过之后，会得到人们更崇高的尊敬。

勇敢地承担责任，不仅要从自己开始，更要从小孩教育抓起。有个故事是这样子的，中国妈妈看到自己的小孩走路撞到桌子，第一个动作就是跑过去打那个桌子。其实我们都知道是安慰小孩。但美国的妈妈就不一样，她第一个动作是把自己的小孩叫过来。对他说，通常一个人走路会撞到桌子有三个原因：第一，走路的速度太快你来不及刹车，而撞到桌子的。第二，你脑子里不知道在想什么而撞到桌子。第三，你走路一直低着头走而撞到桌子。然后就问他自己的小孩说，你是属于哪一种？来，再走一次给妈妈看，这次就没有撞到桌子了。中国妈妈这样子的教育会影响一个人，影响孩子长大了拒绝承担个人责任。出了问题总是先找别人的错误，从来不先在自己身上找问题。

不能仅停留在悔悟阶段

语录

悔悟是去病之药，然以改之为贵。若留滞于中，则又因药发病。

——《传习录·薛侃录》

【解读】

王阳明认为，悔悟好比是消除疾病的药物，但重要的是改正错误。如果仅仅停留在悔悟上，则又会因药不治病，却阻塞在身体内，反而使旧病复发。

什么是悔悟，说起来并不难，所谓悔悟，最普通的说法，由于认识的加深，对某个看法突然来了一百八十个大转弯，真正认识到了以前的错误。

路旁的合欢树一直对梧桐树耿耿于怀，因为他总是霸道地独自占有阳光，只把一片阴影留给合欢树。因为有阳光的照顾，梧桐树越长越高，个头远远超过了合欢树。于是，他更加强势地挡住了全部的阳光。也是因为高大，梧桐树总能得到行人的关注。路过的行人都说，瞧那棵梧桐树，真是高大威猛。瞧他那得意的样子，瞧他那高高在上的样子，合欢树越看越觉得不舒服。被行人冷落的感觉不好，合欢树一度沉默寡言。连负责照顾他们的绿化工人也对梧桐树偏心，给他修剪枝叶的时候总要更温柔一些。合欢树觉得自己被冷落，是因为她一直生活在梧桐树的阴影下，所以，合欢树恨透了梧桐树。可是夏天来了，猛烈的阳光照得路上的行人都睁不开眼。某一天，合欢树惊讶地发现，梧桐树竟然被太阳晒死了。枯死的梧桐树树干很快被绿化工人运走了。这时，合欢树才悔悟到，其实她不应该恨梧桐树，如果不是在他的阴影下乘凉，或许她也会被太阳晒干的。

我们一直讲，幡然悔悟很重要，因为这是认识错误的前提。悔悟了，如果出于大度，原谅你，也就算了。如果做了错事而又不承认，任何人都不会同意。

日本军国主义发动侵华战争，给中国人民带来了巨大的灾难，这是早有历史定论的。但是，日本右翼分子竟然一直不肯承认这一事实，真不知人间有羞耻二字！历史岂容歪曲！“日本无罪”么？否！1937 年“九一八”事变，日本的魔爪伸向了中国的东三省。1937年“七七卢沟桥”事变后，日本发动全面的侵华战争，杀光烧光抢光，野蛮到了极点，残酷到了极点，仅南京大屠杀就杀害了中国30多万无辜百姓！日本侵略军在中国各地搞细菌战，用活人实验……一桩桩，一件件，罪恶滔天，罄竹难书。人证、物证俱在，铁证如山！你们还想抵赖吗？

二战的德国，他们不但肃清纳粹渣子，承认历史罪证，而且德国总理还在波兰下跪，相比之下日本做了什么，遮遮掩掩，有时甚至是狡辩，作为受害者，我们还不愤怒吗。

《孔子家语·子路初见》：“（比干）固必以死争之，冀身死之后，纣将悔寤。”《后汉书·阜陵质王延传》：“今王曾莫悔悟，悖心不移，逆谋内溃，自子鲂发，诚非本朝之所乐闻。”晋代的葛洪《抱朴子·勤求》：“病者不愈，死丧相袭，破产竭财，一无奇异，终不悔悟。”悔悟确实很重要，但更重要的是痛改前非。如果每天都在念叨痛改前非，而不采取实际行动，让悔悟成为心里的重担，最后也会把人压垮。

知错还不够，更重要的是改

语录

一念改过，当时即得本心。人孰无过？改之为贵。

——《静心录之一·文录一》

【解读】

王阳明认为，许多错误都是一念之差造成的，只要将这一念之差改过后，就可以得到本心。人非圣贤孰能无过，改了才是最可贵的。

“人非圣贤孰能无过”，人只要活在这个世界上，不管是干什么的，难免会犯错误。错了怎么办，如果能勇敢地承认错误并改正错误，当然值得令人尊敬。有时我们往往碍于面子，对自己的错误避而不谈，还可能将错就错，产生更多的错误，这就更不值得了。

《左传·宣公二年》记载说：晋灵公不遵守做国君的规则，大量征收赋税来满足奢侈的生活。他从高台上用弹弓射行人，观看他们躲避弹丸的样子。厨师没有把熊掌炖烂，他就把厨师杀了，放在筐里，让宫女们用头顶着经过朝廷。大臣赵盾和士季看见露出的死人手，便询问厨师被杀的原因，并为晋灵公的无道而忧虑。他们打算规劝晋灵公，士季说：“如果您去进谏而国君不听，那就没有人能接着进谏了。让我先去规劝，他不接受，您就接着去劝。”士季去见晋灵公时往前走了三次，到了屋檐下，晋灵公才抬头看他，并说：“我已经知道自己的过错了，打算改正。”士季叩头回答说：“哪个人能不犯错误呢，犯了错误能够改正，没有比这更大的好事了。《诗·大雅·荡》说：‘事情容易有好开端，但很难有个好结局。’如果这样，那么弥补过失的人就太少了。您如能始终坚持向善，那么国家就有了保障，而不止是臣子们有了依靠。《诗·大雅·烝民》又说：‘天子有了过失，只有仲山甫来弥补。’这是说周宣王能补救过失。国君能够弥补过失，君位就不会失去了。”遗憾的是，晋灵公言而无信，残暴依旧，最后终被臣下刺杀。

而三国时期的周处，同样是犯了很大的错误，但他不像晋灵公那样言而无信，他闻过而改，最终成为对百姓有用的人。

周处年轻时，凶暴强悍，任性使气，是当地一大祸害。义兴的河中有条蛟龙，山上有只白额虎，一起祸害百姓。义兴的百姓称他们是三害，三害当中周处最厉害。有的人劝说周处去杀死猛虎和蛟龙，实际上是希望三害相互拼杀后只剩下一个。周处立即杀死了老虎，又下河斩杀蛟龙。蛟龙在水里有时浮起有时沉没，漂游了几十里远，周处始终同蛟龙一起浮沉。经过了三天三夜，当地的百姓们都认为周处已经死了，互相庆祝。最终周处杀死了蛟龙从水中出来了。他听说乡里人以为自己已死而对此庆贺的事情，才知道大家实际上也把自己当做一大祸害，因此，有了悔改的心意。于是便到吴郡去找陆机和陆云两位有修养的名人。当时陆机不在，只见到了陆云，他就把全部情况告诉了陆云，并说："自己想要改正错误，可是岁月已经荒废了，怕最终没有什么成就。"陆云说："古人看中'哪怕是早晨听闻了圣贤之道，即使晚上死了也不算虚度此生了'的精神，况且你的前途还是有希望的。而且人就怕立不下志向，只要能立志，又何必担忧好的名声不能传扬呢？"周处听后就改过自新，终于成为一名忠臣。

人生的路是遥远的，它不只一步，迈错了一步没关系，只要你能校正梦想的方向，你生命的最后也能有瑰丽的彩虹。

《人生不止一步》讲述了二战时的英国首相温斯顿·丘吉尔。一个在人生路上走错了如此远的人，一个连自己母亲都替他感到绝望的人，一个大学时偷吸鸦片，"日上三竿"还迟迟不起床的懒汉和醉鬼，一个曾被名不见经传的两家小公司解雇的人，为什么竟能成为英国彪炳千秋，功勋卓绝的首相和一位举世瞩目的杰出伟人呢？关键是他没有因自己失误而让心灵绝望，反而改过自新，一切重新开始。

成功之道在于严于律己

语录

见贤思齐焉，见不贤而内自省，则不至于责人已甚，而自治严矣。

——《悟真录之二·文录五》

【解读】

王阳明认为，见到贤能的人就要（努力向他）看齐，见到不贤能的人就要（以他为反面教材）做自省，则不会一味的苛责他人，而是对自己严格要求。

“见贤思齐焉，见不贤而内自省也。”通俗地讲就是见到有人在某一方面有超过自己的长处和优点，就虚心请教，认真学习，想办法赶上他，和他达到同一水平；见有人存在某种缺点或不足，就要冷静反省，看自己是不是也有他那样的缺点或不足。这句话出自孔子的《论语·里仁》，是后世儒家修身养德的座右铭。“见贤思齐”是说好的榜样对自己的震撼，驱使自己努力赶上；“见不贤而内自省”是说坏的榜样对自己的“教益”，要学会吸取教训，不要跟别人堕落下去。孟子的母亲因为怕孟子受到坏邻居的影响，连搬了三次家；杜甫写诗自我夸耀“李邕求识面，王翰愿为邻”，都说明了这种“榜样的作用”。

孔子求学的态度极为认真，求学的精神更为他人所远远不及。一次，为了学礼，孔子带着他的两个学生，千里迢迢，风尘仆仆，专程从鲁国去往东周王都洛阳拜访老子。老子对他说：“我曾经听说，‘善于做生意的人，把宝货藏起来，不让他人看见；君子之人，尽管身有盛德，其外貌却常像愚笨之人一样’。要学礼，就必须摒弃一切骄气和欲望。”孔子听说后，感到老子讲得非常深刻，便感慨道：“我知道鸟能在天上飞，鱼能在水中游，野兽能在地上跑，可对于龙，我就不知道它会乘风而上腾飞在空中了。老子就是这样的龙啊！”言语之中，流露出他对老子的尊敬之情。

“三人行，必有我师焉。”生活中我们会无意中把人进行分类，有坏人，好人；有分聪明的人和笨拙的人；也有分高尚的人或庸俗的人，但是我们不管怎么分，只要静下心来体会，你就会发现每一个人、每一种环境我们都可以学习，不管是一句话，一个动作，还是无意中的某种声音，都能引起我们对生活的思索。孔子幼年时家境贫困，难以受到良好的教育。

然而他非常好学，常拜他人为师，哪怕是向年仅7岁的小孩项橐求教。他曾经“问礼于老聃”、“访乐于苌弘”、“学琴于师襄”、“学官制于郯子”……一次，鲁国附庸国的国君郯子来鲁国朝见鲁昭公。郯子虽是小国之君，可自称是少皞氏的后代。在鲁昭公举行的宴会上，叔孙昭子问少皞氏干吗以鸟名为官名，郯子便大谈了一通古代官名的由来，还乘机夸耀“我高祖少皞挚之立也，凤鸟适至，故纪于鸟”。孔子听过了，觉得郯子虽然举止有些可笑，但对古代官制倒确实有点研究，便“见于郯子而学之”。

学习就是这样，如果你对自己要求严格，任何时候、任何地方、你所遇到的任何人，只要你用心学，都能够学到东西。

玉不琢不成器，好铁百炼才成钢

语录

若常人之心，如斑垢驳杂之镜，须痛加刮磨一番，尽去其驳蚀，然后才纤尘即见，才拂便去，亦自不消费力，到此已是识得仁体矣。

——《静心录之一·文录一》

【解读】

王阳明认为，常人的心灵，如同斑垢驳杂的镜子，需要经过一番痛加刮磨，其表面的污垢杂质才能除去，至于镜面上的一点灰尘，便可拂去，也毫不费力，到这个时候才能见到自己的本体。

一位老人和他的小孙子住在一块。每天早上，老人都坐在厨房的桌边读一本书。

一天，他的孙子问道："爷爷，我试着像你一样读书，但是我不懂得书里面的意思。我好不容易理解了一点儿，可是我一合上书便又立刻忘记了。这样读书能有什么收获呢？"

老人安静地将一些煤投入火炉。然后说道："用这个装煤的篮子去河里打一篮子水回来。"

孩子照做了，可是篮子里的水在他回来之前就已经漏完了。孩子一脸不解地望着爷爷。老人看看他手里的空篮子，微笑着说："你应该跑快一点儿。"说完让孩子再试一次。

这一次，孩子加快了速度。但是篮子里的水依然在他回来之前就漏光了。他对爷爷说道："用篮子打水是不可能的。"说完，他去房间里拿了一个水桶。老人说："我不是需要一桶水，而是需要一篮子水。你能行的，你只是没有尽全力。"接着，他来到屋外，看着孩子再试一次。

现在，孩子已经知道用篮子盛水是行不通的。尽管他跑得飞快，但是，当他跑到老人面前的时候，篮子里的水还是漏光了。孩子喘着气说："爷爷，你看，这根本没用。"

"你真的认为这一点儿用处都没有吗？"老人笑着说，"你看看这篮子。"孩子看了看篮子，发现它与先前相比的确有了变化。篮子十分干净，已经没有煤灰沾在篮子上面了。"孩子，这和你读书一样，你可能什么也没记住，但是，在你读书的时候，它依然在影响着你，净化着你的心灵。”

我们的心灵，如同斑垢驳杂的镜子，需要经过一番痛加刮磨，其表面的污垢杂质才可拂去。《诗经》中说：“如切如磋，如琢如磨。”人生犹如一块璞玉，必须精心打磨，才能使它成为完美无瑕的艺术品。

贝多芬的父亲常对左邻右舍说：“小孩子就像是一棵茂盛的树，如果他自己去生长，一点也不管教，那是万万不行的。小时候要是不注意好好管教，长大后也是没有什么出息的。”有时贝多芬不用心弹琴，父亲就用戒尺敲一敲他的小脑袋。要是弹错了一个音符，就要弹上一天一夜，直到弹准为止。贝多芬的出名，和他的父亲对他的严厉管教有着密不可分的关系。这也说明了家长对孩子的管教是非常重要的。但是，只有少数的人向贝多芬的父亲一样管教孩子。王安石的《伤仲永》就是一个反例。方仲永本是一个天才少年，才能在他五岁的时候就显现出来。所以有很多的人都出钱让方仲永给他们做诗，他的父亲感觉这里面有利可图，便每天领着儿子去给别人做诗，不让他再去学习了。过了几年后，他就再也做不出像以前那种出色的诗文了。于是，他又变成了一个普普通通的人了。其实人的一生中遭受点挫折处理得当就可以转化成为一种财富。就像那句很夸张的话一样：“人把刀放在磨刀石上抹，刀一定很‘疼’，但只有经过磨砺，才能使它变成一把好刀、快刀。”

人生是要经过磨炼的，不经过反复磨炼，就会使自己永远停留在原始的状态，无论在怎样的环境里都要精心琢磨，否则就不可能改变自己的人生，创造自己的价值。让我们接受更多的暴风雨的洗礼吧！不要做温室的花朵，要勇敢地向前冲。也许这就是老祖先们告诉我们的人生真谛。

立志是取得成功的根本

语录

志不立，天下无可成之事，虽百工技艺，未有不本于志者。

——《王阳明全集·教条示范龙场诸生》

【解读】

王阳明认为，首先要立志，否则就只会一事无成。即便是工匠技艺，也都要靠坚定的意志才能学成。

自古以来，凡欲做大事者必先立志，志不坚则事必难成。立志是事业的大门。雄心壮志是茫茫黑夜中的北斗星。志之所趋，无远弗届，穷山复海不能限也。志之所向，无坚不摧。

我们常说，志向远大与否决定了生活舞台的高低。《庄子·逍遥游》中在辩论大与小的区别是这样写的：鹏鸟迁徙到南方的大海，翅膀拍击水面激起三千里的波涛，海面上急骤的狂风盘旋而上直冲九万里高空，离开北方的大海用了六个月的时间方才停歇下来。春日林泽原野上蒸腾浮动犹如奔马的雾气，低空里沸沸扬扬的尘埃，都是大自然里各种生物的气息吹拂所致。天空是那么湛蓝湛蓝的，难道这就是它真正的颜色吗？抑或是高旷辽远没法看到它的尽头呢？鹏鸟在高空往下看，不过也就像这个样子罢了。再说水汇积不深，它浮载大船就没有力量。倒杯水在庭堂的低洼处，那么小小的芥草也可以给它当做船；而搁置杯子就粘住不动了，因为水太浅而船太大了。风聚积的力量不雄厚，它托负巨大的翅膀便力量不够。所以，鹏鸟高飞九万里，狂风就在它的身下，然后方才凭借风力飞行，背负青天而没有什么力量能够阻遏它了，然后才像现在这样飞到南方去。而寒蝉与小灰雀讥笑它说："我从地面急速起飞，碰着榆树和檀树的树枝，常常飞不到而落在地上，为什么要到九万里的高空而向南飞呢？"到迷茫的郊野去，带上三餐就可以往返，肚子还是饱饱的；到百里之外去，要用一整夜时间准备干粮；到千里之外去，三个月以前就要准备粮食。寒蝉和灰雀这两个小东西懂得什么！燕雀怎知鸿鹄之志，自然对能够触及榆树和枋树就已经心满意足了。

如翱翔于九天之大鹏一般，敬爱的周总理从小就有"为中华之崛起而读书！"的远大志向。

12 岁那年，当学校的魏校长向同学们提出了一个问题；“请问诸生为什么读书？”

同学们踊跃回答，有的说：“为做官而读书。”也有的说；“为挣钱而读书。”“为明理而读书”

周恩来一直静静地坐在那里，没有抢着发言。魏校长注意到了，打手势让大家静下来，点名让他回答。周恩来站了起来，清晰而坚定的回答；“为中华之崛起而读书！”

魏校长听了为之一振！他怎么也没想到，一个十二三岁的孩子，竟有如此的抱负和胸怀！他睁大眼睛又追问了一句；“你再说一遍，为什么而读书？”

“为中华之崛起而读书！”

周恩来铿锵有力的话语，博得了魏校长的喝彩；“好啊！为中华之崛起！有志者当效周生啊！”

是的，少年周恩来在那时就已经认识到，中国人要想不受到帝国主义的欺凌，就要振兴中华。读书，就要以此为目标。

我们的传统教育里面也特别强调立志，从出生抓阄开始，到三岁看老，一直到上小学，我们好像都会被问过：长大了要干什么的问题？我们之前的若干代人可能最想干的就是当解放军，今天的孩子都想当明星、大官、大款或者老板之类的。当然，我们孩子对成人世界总是耳濡目染，个个都想成为一个被世俗社会普遍认可的成功者，这也是再自然不过的事。而事实上，对于这样的理想、志向，似乎对我们成长没有太多的意义，或者说没有很好的指导作用。其实从现代心理学的角度来说，立志就是一种对于未来人生积极的暗示。如果我们把实现这种志向的各种因素想得更加具体、更加形象、更加迫切，也许我们更能够实现。总的来说，人若有志，万事可为，立志对于我们未来人生确实非常重要。是做一只井底的青蛙，隅居于自己的狭小天地之中，还是做一只大鹏，展翅高飞，关注天下苍生，关键在于你自己的选择。

尊重权威但不迷信权威

语录

笃信固亦是，然不如反求之切。

——《传习录·徐爱录》

【解读】

王阳明认为，相信权威固然没错，但不如自己反省探究来得真切。

必须承认，在迷茫时能够得到权威人士的指点，在困境中能够遇到权威人士的相助，确实比较容易成功。权威人士对本领域事物的认识相对来说比较深刻，因为他们对该领域的研究，比一般人投入的时间、精力多，获得同行的认可度高，办起事情来也就容易，这就是为什么权威人士身边都围着许多人的缘故吧。

我们要相信权威，因为他让我们少走弯路，尤其是对初学者来说更是如此。所谓隔行如隔山，每一行有每一行的门道，要想尽快的熟悉，就应该向权威学习。

万物通过人的特征感觉器官产生的感知方式进入内心，产生感受。思考是对感受的描述和总结。对看不见的事物的推理和想象，也是以已知的万物为基础。万物之间的必然联系就是逻辑。所以万物和逻辑没有原因，只是一种事实。万有引力和相对论都没有原因，也是一种事实，是我们对事实的总结和命名。对事实的认可，对事实之间的联系的认可，就是因果关系的探求，就是逻辑路线的梳理。虽然事实只有一个，但是由于每个人内心装的东西不同，逻辑路线不同，所以导致在同样的事实条件下，得出的结论和采取的行动不同。权威人士得出来的结论由于与事实越来越接近，所以更容易被同行所接受，相信权威人士是没有错的。

但是，由于人的智慧和阅历不同，对事物的认识也就不同，权威人士的看法可能就是其中的一种，也不是最后的结论，所以还需要继续探索。对本领域不太精熟的人来说，有时权威人士呈现给我们的，更多是结论性的东西，而不是整个的过程，其实过程才是最重要，只有了解事物的来龙去脉，才能说对事物有一个真正的认识。真理具有相对性，离开了原有的条件，真理就不是真理，变成了谬论。反省探究的结果，就是一个认识、实践、再认识的过程，这个过程同时也是一个提高、加深的过程，只有这样，我们才能真正弄懂他其中的奥妙，才能真正明白权威人士的观点也有局限性，也不是一劳永逸的正确。

1953 年，袁隆平从西南农学院毕业，被分配到湖南湘西雪峰山麓的湖南省安江农校教书，最初他研究红薯、西红柿的育种栽培。就是在这里，袁隆平看到有人饿死在路边，意识到只有水稻才是农民的救命粮。为了让人民不再挨饿，袁隆平开始挑战权威，经过艰苦的探索，终于发现了水稻的雄性不孕性。当时，米丘林、李森科的“无性杂交”学说——“无性杂交可以改良品种，创造新品种”的传统论断垄断着科学界。袁隆平继续做了许多试验，依然没有任何头绪。他开始怀疑“无性杂交”的一贯正确性，决定改变方向，沿着当时被批判的孟德尔、摩尔根遗传基因和染色体学说进行探索，研究水稻杂交。而在当时，作为自花授粉的水稻被认为根本没有杂交优势。“别人都讲我是‘鬼五十七’（长沙方言，意为不务正业），我也不理。”从此，他义无反顾地选定了杂交水稻这道科研课题。4 年后他找到一株奇异的“天然雄性不育株”，这是国内首次发现。经人工授粉，结出了数百粒第一代雄性不育材料的种子。10 年后，他在世界上首次育成三系杂交水稻。今天回想起那一切，袁隆平深有感触地说：“在研究杂交水稻的实践中，我深深地体会到，作为一名科技工作者，要尊重权威但不迷信权威，要多读书但不能迷信书本，也不能害怕冷嘲热讽，害怕标新立异。如果老是迷信这个迷信那个，害怕这个害怕那个，那永远也创不了新，永远只能跟在别人后面。科技创新既需要仁者的胸怀、智者的头脑，更需要勇者的胆识、志者的坚韧。我们就是要敢想敢做敢坚持，相信自己能够依靠科技的力量和自己的本事自主创新，做科技创新的领跑人，这样才会取得成功。”

尊重权威但不迷信权威的例子还很多，比如伽利略挑战亚里士多德，关于重物下降的“比萨斜塔实验”；哥白尼挑战托勒密，提出日心说；爱因斯坦挑战牛顿的经典力学，提出相对论。认识无止境，探索也就无止境。只有身临其境的探索，才能领略到探索的滋味，才能闯出自己一片新天地。

心无旁骛做一件事肯定能成功

语录

能不忘乎此，久则自然心中凝聚，犹道家所谓结圣胎也。

——《传习录·陆澄录》

【解读】

王阳明认为，心中念念不忘的一件事，久而久之，心中的力量自然就会凝聚，这就像道家所说的结圣胎吧。

心理的暗示力量虽然看起来只是停留在脑海中的意识，但却有着不可小觑的力量。如果我们对某件事天天不忘，心无旁骛、专心致志去做，没有不成功的，除非您的目标是不现实的。

一般来讲，我们在奋力追求成功的人生道路上，心存成功的念想是必不可少的前提条件。缺少这份念想的动力，抑或受外界干扰而无法将之坚持到底，则难以发挥潜在的能力，难以超越自我，挑战极限。我们如果长时间在某个事情上用心，这件事肯定能干成。很多人虽然都心有所想，却很少有人为了愿望而坚持不懈地努力下去，也很少有人为了一个目标而坚定地执行下去。我身边的一个同事，他跟人打赌：三个月之内减肥十斤，如果输了，请单位所有人到人均消费400左右的餐馆去吃饭。赌局已定，他开始减肥计划，开始时还可以，饭量减少了、外出应酬减少了，但是没过三天，他又开始大吃大喝，这样三个月下来，体重不仅没有减下来，反而增加了几斤。可见，如果不持之以恒，像减肥的这种不费脑筋的事照样也干不成。

我们每个人都向往成功，如果不坚决排除外界的干扰，那我们距离成功将越来越遥远。相反，如果相信自己的心之所想，并持之以恒的为之而努力奋斗。最后会发现，我们心里所想的就会变成现实。

好书记杨善洲，云南施甸人，原任保山地委书记，1988年6月退休以后，他主动放弃进省城安享晚年的机会，扎根施甸县大亮山兴办林场。

大亮山位于保山市施甸县城东南约50公里，海拔在1800—2619米。杨善洲的家乡就在大亮山脚下的姚关镇陡坡村。上世纪六、七十年代，由于当地经济社会发展滞后，当地农民缺衣少粮，就开始大规模的毁林开荒，原本翠绿的大亮山生态遭到极大破坏，山光水枯，荒凉空旷，山石裸露，山间溪流逐年减少乃至枯竭。当地农民饮水大多要到几公里外的地方人挑马驮，周边十几个村也陷入“一人种三亩，三亩吃不饱”的贫困境地。为了增加粮食产量，村民只有进一步开荒耕种面积，导致了生态环境急剧恶化。

杨善洲选择了大亮山，就是为了改变家乡的生态环境，造福家乡人民。

家乡的人听说他要回来种树就劝他：“你到别处去种吧，这地方连野樱桃和锯木树都不长。”然而，杨善洲创办林场的设想和决心没有被动摇。他请地、县林业部门的领导和科技人员到大凉山上作多次调查研究。他们带着帐篷，风餐露宿，徒步24天，对姚关、旧城、酒房等地进行了调查。经过调研，更坚定了杨善洲改变大亮山面貌、“种树扶贫”的决心，并将场址选在施甸县的旧城、酒房、姚关3个乡结合部的大亮山。

1999年11月，手提砍刀给树修枝时，杨善洲不幸踩着青苔滑倒，左腿粉碎性骨折，但半年后他又拄着拐杖执意爬上了大凉山。开始办林场那几年困难很大，但是杨善洲艰苦奋斗，尽量少花钱多办事。没有钱盖房子就花7000多元钱盖油毛毡房40多格，一住就是8年，有三个职工住了9年半才出去。没有钱购买农具，就地取材自己动手，办公桌、板凳、床铺都是自己动手做的，晚上照明没有电，每人买一盏马灯。

就这样，杨善洲一干便是22个春秋，带领大家植树造林5.6万亩，林场林木覆盖率达97%以上。把昔日的荒山秃岭变成了今朝生机勃勃的绿色天地，使当地恶劣的自然环境得到明显改善。2009年9月至2010年5月，保山遭遇了百年不遇的特大干旱，但由于大亮山的植被非常好，涵养的水源多，水量充裕，周边群众的生产生活用水在干旱期间仍然充足。2009年4月，杨善洲将活立木蓄积量价值超过3亿元的大亮山林场经营管理权无偿移交给国家。

20多年来，杨善洲心无旁骛地干了一件事——“种树扶贫”，他干成了，他的事迹告诉我们，只要我们下定决心，坚持心之所想，排除任何干扰，我们就可以实现心里所想的事情。

培养德行更重要

语录

譬之树木，这诚孝之心便是根，许多条件便是枝叶。须先有根，然后有枝叶。不是先寻了枝叶，然后去种根。

——《传习录·徐爱录》

【解读】

王阳明认为，比如树木吧，这诚孝之心就是树根，其他的便是枝叶。需先有了树根，然后才有枝叶。不是先有了树叶，然后才有树根。

做人是人一生中最重要的事情，只有明白做人的道理，才能想去怎么做事。胡乱做人，智力越高，对社会造成的负面影响越大。我们非常明白，从孩子生下来开始，如果不抓好他们的道德教育，倘若心术不正，任其发展下去，极有可能惨淡收场，历史上这样的事情还少吗？

首先让我们看看汪精卫的下场。汪精卫在过去的一百年里面绝对是一个赫赫有名人物，他是中国民主革命的先驱，早年参与了国民党和民国的草创，可谓功不可没。他和胡汉民两个，原是孙中山的左膀右臂。国民党统治时期，大家每周都要背诵的“总理遗嘱”，就是汪精卫的手笔。汪精卫还曾经是民国四大美男子之一，他那俊美的脸庞，风流儒雅的个性，不知引得多少闺秀名媛为之朝思暮想。在宋教仁遇刺、胡汉民牺牲、孙中山英年早逝之后，国民党里面无论资历还是影响，除了蒋介石就是他了。然而这样一个智勇双全聪明绝顶的人物，却在抗日战争时期投靠了日本人，在南京搞了个伪政府，甘做日本人统治中国的傀儡，严重破坏了大好的抗战局面，成为了历史的罪人。

下面我们再来看看“李斯的悲哀”：

李斯是楚国上蔡人，秦朝丞相，著名的政治家，文学家和书法家，为秦始皇统一中国立下了汗马功劳。然而，他却有个致命的弱点。

李斯年轻时，曾经在郡里做过小官吏。他在郡里的茅厕中看到的老鼠又脏又瘦，而他看到的粮仓中的老鼠又肥又壮。他感叹道：“处的位置不同，其结果的差距也就大。”这就是李斯著名的“仓鼠论”。于是李斯便投到著名学者荀子门下学习。学成后，他辞别荀子时说道：“诟莫大于卑贱，而悲莫甚于穷困。”可见卑贱的地位，穷困的处境，是李斯发奋的动力；改变卑贱的地位、穷困的处境，是李斯努力的目标。由此，我们可以看出他的理想与志趣格调并不高，就是为了改变自己地位低下的处境，去努力的。

正是这个弱点，造就了李斯悲哀的结局。

秦王读过韩非写的书籍，对于韩非的博学，非常仰慕，一直想见韩非，并恐吓韩国。韩国对于秦国十分恐惧，所以派韩非到秦国请求两国的和平，这时的秦王将韩非扣留在秦国。到了秦王嬴政十四年（前233年），李斯怕秦王重用韩非，不顾同学（李斯和韩非同拜荀子门下）情谊，私底下诬陷韩非，说韩非是韩国宗室公子，必定不会效忠秦国，劝秦王把韩非禁锢，又在狱中把韩非毒死。

公元前210年，秦始皇在沙丘（今河北平乡东北）病死，遗诏命公子扶苏回咸阳奔丧。而赵高心术不正，竟扣留诏书，想立胡亥为皇帝，以便自己篡权。但这必须经过李斯的同意，阴谋方能得逞。因此，赵高使尽浑身解数，威逼利诱、软硬兼施，企图说服李斯。李斯开始斥之为"亡国之言"，继之，责令曰："君反其位！"接着，劝说："君其勿复言，将令斯得罪。"然后告诫道："斯其犹人哉，安足为谋！"情绪由盛怒到平息，语气由严厉到温和，心理变化清晰可见。最后，赵高使出杀手锏，说："您听从我的计策，就会长保封侯，并永世相传，一定有仙人王子乔、赤松子那样的长寿，孔子、墨子那样的智慧。现在放弃这个机会而不听从我的意见，一定会祸及子孙，足以令人心寒。善于为人处世，相机而动的人是能够转祸为福的，您想怎么办呢？"此语正中李斯要害。由此，李斯、赵高、胡亥合演了"沙丘政变"，改变了秦国，乃至中国的历史轨迹。

李斯以为帮助胡亥登上皇位，就能永保荣华富贵，子孙前途无忧。然而，胡亥只不过是赵高的牵线木偶，赵高掌握着实权。"沙丘政变"后，李斯已无利用价值，而且成了赵高前进路上的绊脚石。不可避免的，赵高把矛头指向了李斯，不失时机地诬告李斯父子谋反。可怜的李斯纵有三寸不烂之舌，又怎能说得动昏庸无比的胡亥？最终还是落了个腰斩、三族之人都被处死的悲惨处境。临刑之际，李斯黯然地对儿子李由说："吾欲与若复牵黄犬，俱出上蔡东门，逐狡兔，岂可得乎？"然而，上蔡那透明而脆薄的春天早已变得遥不可及了。

纵观李斯一生，他最不可忍受的是处于下位、贫贱之位。他认为：

“诟莫大于卑贱，而悲莫甚于穷困”。他重视“得时勿怠”，要抓紧时机，实现自己的理想。这也没错，但要看究竟是怎样做。他看不起那种“久处卑贱之位，困苦之地，非世而恶利，自托于无为”，他认为“此非士之情也”，这是唱高调，假清高；是“禽鹿视肉，人面而能强行”，这就把孔子所说的“富与贵，是人之所欲也，不以其道得之，不居也；贫与贱，是人之所恶也，不以其道得之，不去也。”以及“不义而富且贵，于我如浮云”等等，通通说成是“非人之情”。如何追求富贵、如何摆脱贫贱，别人是有原则、是有底线的，而李斯没有。他把孔子、孟子以及他的老师荀子的甘居于贫贱都加以蔑视；在他看来，只要能求得富贵、摆脱贫贱，他可以不择手段。看来，相对于其他方面，德行可能更为重要，李斯的悲剧就是明证。

要善于博采众长，不存门户观念

语录

圣人与天地民物同体，儒、佛、老、庄皆我之用，是之谓大道。

——《顺生录·王守仁年谱》

【解读】

王阳明认为，圣人与天地万物、芸芸众生并没有本质上的区别，儒、佛、老、庄之学都可以为我所用，这就是所说的大道。

喜欢看武侠小说的人，可能会发现，武术界门户观念特别重。许多武术门派对自己弟子的要求是：进了我的门，就不得拜他人为师。其实这是不对的，门户观念既不善于发扬武术精神，又对拳种的传播起到了障碍作用，对提高武术的搏击水平有百害而无一利。纵观武术，无非源于少林，或者武当，而武当传说中源于少林，可以说还是归于一脉。练武之人，从源头上讲就不应该存门户观念。

与武术一样的，就是所谓的大道。王阳明认为，圣人与天地万物、芸芸众生并没有本质上的区别，只要是适合自己的，都可以为我所用，提倡的就是要不存门户观念、博采众长。

与两汉、西晋相比，王羲之书风最明显特征是用笔细腻，结构多变。王羲之最大的成就在于增损古法，变汉魏质朴书风为笔法精致、美轮美奂的书体。草书浓纤折中，正书势巧形密，行书遒劲自然，总之，把汉字书写从实用引入一种注重技法，讲究情趣的境界，实际上这是书法艺术的觉醒，标志着书法家不仅发现书法美，而且能表现书法美。后来的书家几乎没有不临摹过王羲之法帖的，因而有“书圣”美誉。他的楷书如《乐毅论》、《黄庭经》、《东方朔画赞》等，在南朝即脍炙人口，曾留下形形色色的传说，有的甚至成为绘画的题材。他的行草书又被世人尊为“草之圣”。王羲之为什么在书法界取得如此大的成就，是因为博采众长、自辟蹊径、自成一体的结果。王羲之7岁拜师于女书法家卫夫人和叔父五广，勤学苦练，后又遍学李斯、钟繇、蔡邕、张昶等书法家。在这些大家的指导下，经过多年的摸索和揉合，终于“兼撮众法，备成一家”，达到了“贵越群品，古今莫二”的高度。

让世界了解中国功夫的传奇人物李小龙用他的一生把功夫诠释的淋漓

尽致，那如烟花般绚烂的生命，让人们领悟的东西太多太多，其中很重要的一条就是他只身打破武术不外传的陈规，善于学习，吸纳别人的长处，几乎感动了所有对手，使中国武术在异地大放光彩。李小龙学习武术从来没有门户偏见，他早年在香港跟随叶问师傅学习咏春拳。咏春拳在中国武术中属于“南拳”和“女拳”，以手法和技巧为主，腿法和马步桩很少。但李小龙凭着对武术的热爱和勤学苦练，很快超越了咏春拳的圈子。他在和北派拳师、跆拳道、空手道拳手交流的过程中发展了自己独特的腿法，以此击败了以腿法凶狠而著称的泰拳王。李小龙不仅吸收其他门类的中国功夫，而且也不断吸纳世界各地拳种的精华，从而自创一套截拳道。不讲究虚夸花哨的外在架子，而追求内在出奇制胜的技击效果。李小龙经过不断修炼，技艺日精，使中国功夫名扬世界。这就是为什么他的成就在当时没有别的武术家可以做到的原因。

李小龙用他的神奇功夫告诉我们，不要被老的观念所束缚，而要求新求变。正像他所说的：“以无法为有法，以无限为有限”，不要刻意去模仿他，而要超越他，不光是武术，其他的也应该是这样。

踏踏实实才能成就伟业

语录

后儒不明圣学，不知就自己心地良知良能上体认扩充，却去求知其所不知，求能其所不能，一味只是希高慕大，不知自己是桀、纣心地，动辄要做尧、舜事业，如何做得？

——《传习录·薛侃录》

【解读】

王阳明认为，后代儒生不了解圣学是怎么回事，也不从自己内心的良知去努力，而去强求所不能知道的事，做所不能做到的事，一味只是希高慕大，不知道自己是桀、纣心地，又如何能成就像尧、舜那样的事业呢？

我们一直在说，人贵有自知之明，只有这样才能看得清自己的实力，才会去做力所能及的事。倘若对自己擅长什么、欠缺什么都不知道，而誓言要达到什么辉煌的成就，那不是痴人说梦吗？

从前，有个少年名叫巧容，巧容的父亲是位擅长于机械组合的技师，不过他在巧容还小时就已经去世了。巧容长大后为了继承父业，因此跟着母亲远走他乡去拜师学习技艺，之后就随着老师定居他乡。

后来巧容想娶妻，便到另一个城市去寻找机缘。有一个长者答应将女儿许配给他，但是他对巧容说："三天后是结婚的大吉日，如果你能如期前来娶我的女儿，你们就可以结为夫妻，但是如果你逾期才来，就不要怪我悔婚"。

巧容迅速收拾行李，准备回去向母亲及老师报告此事，但回到家里已经过了两天了。巧容对老师说："大城中有位长者愿意将女儿嫁给我，他说明天是良辰吉日，要我明天就去迎娶，如果明天没有准时去，他就不将女儿嫁给我了"。老师听了，对巧容说："既然如此，我明天就发动我那架会飞的机器木象，带着你一起去迎娶新娘。相信一定能赶上良辰吉日，准时迎娶"。隔天，老师带着巧容乘着机器木象飞到空中，木象在空中飞翔，许多人看到都啧啧称奇，没多久，便到达了长者所居住的城市。

巧容把聘礼献给长者后，就带着妻子跟老师一同乘坐木象，回到家中。这件事过后，巧容对于神奇的飞象，一直感到好奇与向往。老师却从来不让巧容驾驶飞象。

有一天，老师要出远门，他怕巧容会私自骑着飞象出去，所以特别交代巧容的母亲说：“这架机器飞象，交给你把它藏起来。巧容如果向你要，你千万不可以给他，因为他还不懂得如何操作，若独自乘象飞翔，会遭到厄难，你千万要谨记在心”。

果然，老师出门后，巧容便向母亲要求乘那架机器木象，他对母亲说：“我只想乘着木象去兜兜风，一下子就会回来。何况我乘那架木象腾空而飞，很多人看到会佩服我”。

“不行！你的老师有交代，说你还不会操作那架木象，若贸然出行，会有危险，所以无论如何都不能将机器木象交给你”。母亲不安地说。

“我已经知道如何操作那架木象，老师恐怕是吝惜小气，才不让我乘驾飞象吧！你让我乘象出去一下，我绝对不会出事情的”。巧容继续说服母亲。女人一向心软，母亲因为敌不过巧容苦苦哀求，终于交出机器木象。巧容乘象飞空而去，许多人在下面看见了，都非常欢喜赞叹。巧容的老师在平地看见巧容乘坐着木象在空中飞翔，感叹地说：“哎！这孩子不会再回来了”！

果然当巧容乘着木象到达大海上空时，突然下起雨来了。所有的机绳都断裂，巧容从空中掉入了海里，就这样丧失了性命。

不会说会，好高骛远这是最要不得的事，凡事不脚踏实地去作，往往会适得其反，得不偿失。

王阳明认为，后代儒生不了解圣学是怎么回事，也不从自己内心的良知去努力，而去强求所不能知道的事，做所不能做到的事，一味只是希高慕大，不知道自己是桀、纣心地，又如何能成就像尧、舜那样的事业呢？要实现理想，就必须踏踏实实地从手边的事情做起，不能好高骛远。因为，手边的每一件小事才是你理想大厦的一砖一瓦，好高骛远的空想不过是空中楼阁。

1871年的春天，英国蒙特瑞综合医科学校的学生威廉斯勒，对自己人生中的问题感到很困惑。他不明白应该怎么处理远大的理想和具体的身边小事，一个人应该有什么样的做事态度才能成功。他渴望成功，但对手边的小事又觉得没有什么意义。他甚至以为现在的学校生活枯燥乏味，没什么值得去用心的。因而他的成绩也每况愈下。他找他的老师探讨这些困难的人生问题。他的老师推荐他阅读哲学家卡莱里写的一本哲学启蒙读物。老师说，他的书里或许有答案帮助你解决问题。

威廉斯勒是一个意志很坚定的青年，他一向不崇拜大人物，更不相信所谓的名人名言，对许多问题一向有自己的独到见解。但既然是老师推荐的，他想或许真的有用，于是拿过书漫不经心地浏览起来。

突然间，书中的一句话让他眼前一亮："最重要的，就是不要去看远方模糊的东西，而是要做手边最具体的事情。"他恍然大悟，是啊，不论多么远大的理想，都需要一步步去实现啊！不论多么浩大的工程，都需要一砖一瓦垒起来啊！

他想明白了，他的困惑解决了，他终于找到了人生的答案。他知道，那些远大的理想，应该让它们高悬在未来的天空里，最紧要的，是把自己手边的每一件具体的事情做好。

也就是从那一天开始，1871 年春天的一个下午，年轻的威廉斯勒开始埋头读书，因为他知道这是他目前最紧要的事情，他要把自己的成绩提高上去。半个学期以后，威廉斯勒就一跃成为整个学校最优秀的学生。

两年以后，威廉斯勒以全校最优异的成绩毕业。毕业后他来到一家医院做医生，他认真对待每一位患者，对每一次出诊都一丝不苟。兢兢业业的态度和精益求精的精神，使他很快成为当地的名医。

几年以后，他创办了约翰·霍普金斯学院。他把自己的人生态度贯彻到每一个细节里。许多专家学者慕名来到他的学院工作，使他的学院很快成为英国乃至世界最知名的医学院。

事实上，如果我们认真研究那些成功者的人生轨迹，你一定能够发现，他们从来就不是朝三暮四空想的人，他们有着自己远大的人生目标，但每天都扎实地一步一步地向着自己的目标努力前进。

咬定目标始终不放松

语录

以亲之故而业举为累于学，则治田以养其亲者，亦有累于学乎？先正云“惟患夺志”，但恐为学之志不真切耳。

——《传习录·薛侃录》

【解读】

王阳明认为，如果说因为父母的缘故去参加科举考试可能会妨碍学习，而种田去赡养父母，难道也会妨碍学习？ 程颐先生说“惟患夺志”，怕只怕学习的志向不够坚定吧。

古人云：“圣贤之学，固非一日之具，日不足，继之以夜，积之岁月，自然可成。”就是说，圣贤的学问，本来就不是一天就可以通了的。白天不够用，就用夜晚来继续学习，日日月月地积累起来，自然可以完成。 不错，再长的路，一步一步总能走完；再短的路，不去迈开双脚将永远无法到达。 要想取得成功，只有咬定目标始终不放松，坚持不懈。 古往今来，哪一个成功者们不都是这样？

曾国藩在《家训喻纪泽》中劝导：“尔之短处，在言语欠钝讷，举止欠端重，看书不能深入，而作文不能峥嵘。 若能从此三事上下一番苦功，进之以猛，持之以恒，不过一二年，自尔精进而不觉。”

乐羊子到很远的地方求师学道，一年后，他回家了。 妻子问其缘故。乐羊子说：“只是出门久了，想家，没别的事情。”妻子拿刀走到织机跟前说：“这绸布是蚕儿吐出来的丝，经过织布机一根丝一根丝地积累起来，才积到一寸那么长，又一寸一寸不停地积累，才能成丈成匹。 现在如果割断这块绸布，那就会半途而废，白白浪费时间。 你出外求学，半路上就回来了，那和割断这绸布有什么两样？”乐羊子被她的话感动了，回去修完了学业。

大画家齐白石年轻的时候爱好篆刻。 一天，他去向一位老篆刻家求教。 那位老篆刻家说：“你挑来一担石头，刻了磨，磨了刻，等到这些石头都变成了泥浆，你的印也就刻好了。”齐白石真的挑来一担石头，夜以继日地练习篆刻。 他一边刻一边拿篆刻名家的作品对照、琢磨。 他刻了磨平，磨平了再刻。 手上磨起了泡，仍然专心致志地刻个不停。 日复一日，年复一年，石头越来越少，地上淤积的泥浆越来越厚。最后，统统“化石为泥”了。

无论是做事还是学习都不是一蹴而就的事情。有大学问的人，贵在有勤勉和持之以恒的努力。成大事之人，贵在对事业的不懈追求。只有时时保持进步的状态，随时才会有新的境界。努力、努力、再努力一点，坚持、坚持、再坚持一下，你会惊奇地发现：铁杵已经磨成针了，成功离我们越来越近了。

重形式更要重内容

语录

岂能以不忍人之心，而行不忍人之政，则虽茅茨土阶，固亦明堂也。以幽、厉之心，而行幽、厉之政，则虽明堂，亦暴政所自出之地邪？武帝肇讲于汉，而武后盛作于唐，其治乱何如邪？天子之学曰辟雍，诸侯之学泮宫，皆象地形而为之名耳。然三代之学，其要皆所以明人伦，非以辟不辟，泮不泮为重轻也。

——《传习录·答顾东桥书》

【解读】

王阳明认为，这难道不正好可以说明，能用怜恤他人的仁德之心来实施仁政，即使是茅屋和土台阶，也仍旧是明堂。用幽王、厉王的心来行幽王、厉王的暴政，虽然有明堂，也不过是他们施行暴政的地方罢了。汉武帝重新讨论过设立明堂的事情，武则天也曾经大建明堂，他们治理天下的情况又是怎么样的呢？天子就学的地方叫做辟雍，诸侯就学的地方叫做泮宫，都不过是以地形来命名罢了。然而夏、商、周三代王朝的学校，都是以教育伦理纲常为主要目的，而不是看的外表像不像璧环，或者是不是建造在水边。

爱或恨，春晚已经成为人们除夕夜大餐中必不可少的内容。而这道不咸不淡的餐食之于观众到底意味着什么？三十而立的她真能明显改变吗？正值春晚30周年，知名媒体人王小山对话凤凰网娱乐，他直言对于观众而言，春晚什么形式不重要，节目内容才是关键。

不错，说得真好。“好酒不怕巷子深”，如果不在内容上下功夫，而一味地重形式，只考虑包装，谁还买你账呢？看节目如此，看人更是如此。古人曾有：“人不可貌相，海水不可斗量”的警句告诫人们：评价人不能以外貌、衣着作为衡量标准，海水那么浩瀚不能用斗来测量。

史书记载，齐相国晏婴就是一个身高不满五尺的矮子，历任齐灵公、庄公、景公三朝，是春秋后期一位重要的政治家、思想家、外交家。司马迁将他比为管仲，推崇备至，用“不辱使命，雄辩四方”八个字来形容他的外交活动。

春秋末期，有一次，齐王派晏子出使楚国。楚王知道晏子将出使楚国，觉得晏子的相貌实在不怎么样，就想趁机羞辱齐国。楚王特意在城门旁开一小门，准备迎候晏子。晏子到城门口时，守门的侍卫打开小门，请晏子从小门进城，晏子心里清楚楚王的用意，便停在门口，对侍卫说："请你禀报楚王，问他这是什么地方，如果我出使的是狗国，那我自然该从这个小门洞里进去，如果楚国不是狗国，那我还得从大门走进去。"侍卫急忙传话给内宫，楚王一听很无奈，只好让晏子从大门进城。晏子进宫拜见楚王，楚王看着矮小的晏子故作不解之状，取笑他说："难道齐国没有人了吗？"晏子说："这是什么话？临淄城里挤满了人，大伙儿把袖子一举起来，就能够连成一片云；大伙儿甩一把汗，就能下一阵雨；走路的人肩膀擦着肩膀，在后面走的人脚尖能碰着前面人的脚跟。大王怎么说齐国没有人呢？"楚王说："那为什么打发你来呢？"晏子不动声色地回答："君王有所不知，我们齐国有一个不成文的规矩：访问国的君主贤德，就派上等人去，访问国的国君不贤德，就派下等人去。我最不好，就只配派到这儿来了。"说完他故意笑了笑。楚王心里闷着一口气，却只好假装无事的样子，招呼晏子到厅堂，安排酒席款待晏子。席间，两位兵士押着一位犯人来见楚王，楚王问此人所犯何罪，兵士按设计好的话回答："这齐人是个劫匪。"楚王故意摇头对晏子说："齐人怎么喜欢做这样的事？"晏子也摇摇头说："江南有橘子，齐王派人拿去种在江北，结果长大不是橘子，变成枳，这是什么缘故呢？这是土地性质不同使它这样的。现在齐人居住齐国不敢偷盗，到了楚国就变了盗贼，真是风气不同啊！"

从晏子身上我们可以明白，不能以外表来衡量一个人。幸而晏子并未因此自暴自弃，反而坦然面对自己的相貌，还主动争取出人头地的机会。

有这样一篇寓言故事，讲的是蜜蜂和蝴蝶相遇，蝴蝶嘲笑蜜蜂长得丑，蜜蜂反驳说："外表美丽并不重要，最主要的是心灵要美，我们蜜蜂虽然丑，但是我们能酿出香甜的蜜为人类造福，而你们虽然长得好看，却危害庄稼，损人利己。"蝴蝶听完，羞愧地飞走了。

古人云："鸟美在羽毛，人美在心灵。"内心恶毒的人，即使再美丽，仍旧是一个丑陋的人；外表有一点丑的人，只要善良、诚实、博爱，也是一个美丽的人。

看人如此，做事也如此。"山不在高，有仙则名；水不在深，有龙则灵"，只有在内容上下功夫，才能真正得到大家的认可，才能真正取得成功。

要经常省察自己

语录

省察是有事时存养，存养是无事时省察。

——《传习录·陆澄录》

【解读】

王阳明认为，省察是有事的时候存养天理，存养天理是无事的时候省察。

省察是我们做人做事能否成功的重要基础。许多时候，我们为什么不能成为成功人士，很大程度上由于自己省察不够。人为什么要省察自己？主要有以下几个原因：作为个人来说，我们的行为如果没有很严重的触犯别人的利益，或者是你非常好的朋友，大多数人都不会直接，或者间接说你，或者提醒你。曾经有个部级干部总是把造诣的“诣”字读成“旨”，20多年来，他经历一批又一批属下，但没有一个人给他指出来，也没有一个人提醒他，并不是别人不知道，而是大家都很懂礼貌，懂得给他留个面子，以至于他错误的读音维持了这么长时间，直到有一次他听自己孙子在读课本的时候，才知道这个字的真正的读音，才知道自己这么多年来一直把这个字读错了，所以，人一定要省察自己，尤其是企事业单位、党政机关高层更是如此。另一类情况，我们确实也需要省察自己。老子在《道德经》中说过：“知人者智，自知者明。”只有自知，才能知人。省察自我是道德完善的重要方法，是涤荡心灵的一股清泉。在我们迷路时候，在我们掉进了罪恶的陷阱时候，在我们的灵魂遭到扭曲时候，在我们自以为是沾沾自喜时候，它就像一道清泉，将思想里的浅薄、浮躁、消沉、阴险、自满、狂傲等污垢涤荡干净，重现清新、昂扬、雄浑和高雅的旋律，让生命重放光彩，生气勃勃。省察主要目的是找出过失及时纠正，所以省察绝不可以陶醉于成绩，更不可以文过饰非。要以安静的心境自查自省，才能克服意气情感的干扰，发现自己的本来面目，捕捉到平时自以为是的过失。只有善于发现并且敢于承认自己的过失，才可以进一步纠正过失。我们常常看不到自己的短处，很多缺点都是通过旁人的指出才知道。这就要求我们有一颗平常心来对待别人善意的规劝和指责，反省自己的过失。

夏朝时候，一个背叛的诸侯有扈氏率兵入侵，夏禹派他的儿子伯启抵抗，结果伯启打败了，他的部下很不服气，要求继续进攻，但是伯启说：不必了，我的兵比他多，地也比他大，却被他打败了，这一定是我的德行不如他，带兵方法不如他的缘故。从今天起，我一定要努力改正过来才是。从此以后，伯启每天很早便起床工作，粗茶淡饭，衣着朴素，照于百姓，任用有才干的人，尊敬有品德的人。过了一年，有扈氏知道了，不但不敢再来侵犯，反而自动投降了。唐太宗李世民经常倚助魏徵的当面进谏，认真地检讨自己、反省自身，才使得表面上听起来很刺耳的意见变成了治国安邦的金玉良言。

有一个年轻人，在一家杂货店的公用电话通话，说话的内容如下：“喂，是傅公馆吗？府上是不是需要找个人来帮你们割草？哦，已经请到了。那人怎么样？很好吗？你真的不打算换人试试看吗？真的不用吗？好，没关系，谢谢你，再见！”杂货店老板在一旁听到了以上的对话，便安慰他必须再接再厉，说：“真可惜，你没有获得这份工作，千万别灰心气馁。”年轻人笑着说：“没关系，傅先生所雇用的人其实就是我，我只是从侧面打听他对我的工作是否满意。”

先秦荀况在《劝学》中写道：“君子曰：学不可以已。青，取之于蓝，而青于蓝；冰，水为之，而寒于水。木直中绳，輮以为轮，其曲中规，虽有槁暴，不复挺者，輮使之然也。故木受绳则直，金就砺则利。君子博学而日参省乎己，则知明而行无过矣。”人非圣贤，孰能无过？所以每个人都要“吾日三省吾身”，以修正人生轨迹。常省察自己有什么过错，就会常怀畏惧心，如履薄冰，慎始慎终，在思想上筑起一道堤坝，做到该节制的就节制，该收敛的就收敛，该改正的就改正。《路加福音》6章4节：“每一个人都应该省察自己的行为；如果有好行为，他可以引以为荣……”

主要参考书目

《王阳明全集》上海古籍出版社 2011 年 9 月
《王阳明全集（知行录）》红旗出版社 1996 年 11 月
《王阳明全集（静心录）》红旗出版社 1996 年 11 月
《王阳明全集（悟真录）》红旗出版社 1996 年 11 月
《王阳明全集（顺生录）》红旗出版社 1996 年 11 月
《王文成公全书》中华图书馆刊印
《传习录》中州古籍出版社 2008 年 1 月
《官讳经》华文出版社 2009 年 7 月
《诗经》中华书局 2011 年 3 月
《论语》中华书局 2006 年 9 月
《孟子》中华书局 2006 年 9 月
《庄子》中华书局 2007 年 3 月
《孙子兵法・尉缭子・鬼谷子》山西古籍出版社 2004 年 7 月
《史记》中华书局 2008 年 1 月
《古代汉语》（第一册、第二册）中华书局 1981 年 2 月
《大学・中庸》中华书局 2006 年 9 月
《三国演义》人民文学出版社 1973 年 12 月
《重读古典》中国广播电视出版社 1997 年 1 月

图书在版编目(CIP)数据

吃透王阳明/向愚著.—福州:福建教育出版社,2014.6
ISBN 978-7-5334-6377-9

Ⅰ.①吃… Ⅱ.①向… Ⅲ.①王守仁(1472~1528)—心学—研究 ②王守仁(1472~1528)—人物研究 Ⅳ.①B248.25

中国版本图书馆CIP数据核字(2014)第051923号

吃透王阳明
向 愚 著

出版发行 海峡出版发行集团
福建教育出版社
(福州梦山路27号 邮编:350001 网址:www.fep.com.cn
编辑部电话:010-62027445
发行部电话:010-62024258 0591-87115073)
出 版 人 黄 旭
印　　刷 北京东君印刷有限公司
(北京大兴黄村镇三间房村委会北500米 邮编:102600)
开　　本 710毫米×1000毫米 1/16
印　　张 13.5
字　　数 220千
版　　次 2014年6月第1版 2014年6月第1次印刷
书　　号 ISBN 978-7-5334-6377-9
定　　价 28.00元

如发现印装质量问题,请与读者服务部(电话:010-62024258)联系调换。